汉语熟语学习丛书

汉语国际推广多语种大连基地规划项目

生活中的惯用语 1

描写心理
描摹行为
性质状态

Idiomatic Phrases in Daily Life

Идиомы в обиходной жизни

策划审订：潘先军
主　　编：王　端
编　　著：王　端　王燕明
英文翻译：李春姬
俄文翻译：董　玲　刘华荣
俄文校订：А. А. Бочкарёв

北京语言大学出版社
BEIJING LANGUAGE AND CULTURE UNIVERSITY PRESS

图书在版编目（CIP）数据

生活中的惯用语.1/王端主编.--北京：北京语言大学出版社，2014.1（2017.10重印）
（汉语熟语学习丛书）
ISBN 978-7-5619-3753-2

Ⅰ.①生… Ⅱ.①王… Ⅲ.①汉语—社会习惯语—汇编 Ⅳ.①H136.4

中国版本图书馆 CIP 数据核字（2014）第 003858 号

书　　名：	生活中的惯用语 1 SHENGHUO ZHONG DE GUANYONGYU 1
中文编辑：	陈维昌　王宇明
英文编辑：	孙玉婷
责任印制：	周　燚
出版发行：	**北京语言大学出版社**
社　　址：	北京市海淀区学院路 15 号　　邮政编码：100083
网　　址：	www.blcup.com
编 辑 部：	8610-8230 3647/3592/3395
国内发行：	8610-8230 3650/3591/3648
海外发行：	8610-8230 0309/3365/3080
读者服务部：	8610-8230 3653/3908
网上订购：	8610-82303653（国内）/3668（海外）　service@blcup.com
印　　刷：	北京京华虎彩印刷有限公司
经　　销：	全国新华书店
版　　次：	2014 年 1 月第 1 版　　2017 年 10 月第 3 次印刷
开　　本：	787 毫米 × 1092 毫米　　1/32　　印张：3.875
字　　数：	86 千字
书　　号：	ISBN 978-7-5619-3753-2 / H·13379
定　　价：	35.00 元

凡有印装质量问题，本社负责调换。电话：010-82303590

汉语国际推广多语种大连基地规划项目
编委会成员名单

主 任 委 员： 许　琳（国家汉办主任）
副主任委员： 孙玉华（大连外国语大学校长）
　　　　　　　李树森（辽宁省教育厅副厅长）
　　　　　　　马箭飞（国家汉办副主任）
编委会成员： 刘　宏（大连外国语大学副校长）
　　　　　　　杨金成（国家汉办师资处处长）
　　　　　　　潘先军（大连外国语大学汉学院院长）
　　　　　　　周玉琨（大连外国语大学文化传播学院院长）
　　　　　　　李　凡（大连外国语大学汉语国际推广基地办公室/孔子学院工作处副主任、副处长）
执 行 总 编： 孙玉华
执行副总编： 刘　宏　潘先军　周玉琨　李　凡
外 国 专 家： 西香织（博士），日本北九州市立大学外语学院汉语系
　　　　　　　崔　桓（博士、教授），韩国岭南大学中国语言文化学部
　　　　　　　Александр Бочкарёв（博士）俄罗斯阿穆尔国立师范大学外语学院

编写说明

汉语熟语蕴涵着丰富的文化内容,往往在字面背后包含了深层的智慧和幽默,因而表现力十分丰富,在中国人的语言生活中喜闻乐见。也正因为这些特点,熟语成为外国人学汉语的难点之一。

大连外国语大学是国家汉办的"汉语国际推广多语种基地"。"汉语熟语教学"是基地规划项目之一。在项目落实过程中,我们与基地建设战略合作伙伴北京语言大学出版社相关负责人、专家、责任编辑等进行了反复讨论与研究,形成了系列熟语学习丛书的编写思路,成果即"汉语熟语学习丛书"。

丛书中的《生活中的成语》三册已于 2012 年 7 月陆续出版发行,受到了汉语学习者的欢迎和喜爱,这给了我们莫大的鼓舞和信心,为具有一定汉语基础的学习者编写出一套适用的"汉语熟语学习丛书"是我们最大的心愿,现在大家看到的《生活中的惯用语》就是其中之一。

我们延续了《生活中的成语》的编写体例,做到既要有对惯用语意思的解释,更要着眼于惯用语的运用,为学习者提供具有指导意义的实例,例子不仅要做到全面反映该条惯用语在句子中可能出现的分布状态,同时还配上对话式例句,以更加切合"生活中的惯用语"这一题旨。为让学习者更加准确地掌握惯用语的意思,每条惯用语都配上外语翻译,有些惯用语还配有精美的插图,力争图文并茂。

《生活中的惯用语》共 2 册。编写时,我们把惯用语按意义进行分类，每类构成一个主题，第1册包括包括"描写心理·描摹行为·性质状态"等主题，第2册包括"评价人物·说明境遇·描写事物·言语交际"等主题。由于惯用语具有鲜明的感情色彩或诙谐有趣的意味，我们特别将一些含有特殊感情色彩的惯用语分成小类或进行标注，书后还将全书惯用语按音序编排成索引，这样做的目的是便于使用者查找。

一如《生活中的成语》，《生活中的惯用语》的编著者，都是在对外汉语教学第一线工作了近二十年的教学骨干，经验丰富，年富力强，有着多次海外任教的经历。他们为丛书倾注了大量心血，保证了编写的高质量。

汉语教学辅助类图书对外国人的汉语学习不可或缺，是汉语教材的补充和扩展。我们期待这套小册子能帮助外国人提升汉语水平，使其进一步了解中国文化的内涵。

潘先军
2013.6

Introduction

Chinese idioms contain abundant cultural connotation. Behind an idiomatic phrase, it often covers profound wisdom and humor, thus the expressive force is very strong. Chinese people are delighted to see and hear them in their verbal communication life. It is due to these characteristics that the Chinese idioms have become one of the difficulties for foreigners to learn Chinese language.

Dalian University of Foreign Languages is a "Multilingual Base for the International Promotion of Chinese Language" established by Hanban in China. "Chinese Idiom Teaching" is one of the projects planned by the Base. In order to implement the project, we have made considerable discussions and researches with the relevant leaders, experts, and editors of Beijing Language and Culture University Press, our strategic partner in the base construction. Based on all of these efforts, the idea of compiling serial idiom-learning books has taken shape, and the fruit is the "Chinese Idiom Learning Series".

Three volumes of *Idioms in Daily Life* in the series have been published successively since July 2012. They have been well received and loved by the learners of Chinese language, which endows us with the utmost encouragement and confidence. It is our greatest aspiration to complie a "Chinese Idiom Learning Series" for the learners who have certain knowledge of Chinese. *Idiomatic*

Phrases in Daily Life that is in your hands now is one of it.

Idiomatic Phrases in Daily Life carries on the compiling style of *Idioms in Daily Life*. It not only explains the meanings of the *idiomatic phrases*, but also pays much attention to their actual usages by providing examples of guiding significance. The examples reflect the distribution of an idiomatic phrase in sentences. Meanwhile, each phrase is equipped with dialogue examples to suit the theme of the "idiomatic phrases in daily life". With an aim to help the learners master the meanings of these phrases, each phrase is provided with foreign language translation, and some even have delicate illustrations, excellent in both pictures and texts.

Idiomatic Phrases in Daily Life has two volumes. During the compilation, we classified the phrases according to their meanings. Each category constitutes a theme. The first volume includes "Describing mentality", "Depicting a behavior", "Describing a qualily or state" and other themes. The second volume contains "Appraising people", "Describing circumstances", "Describing things", "Verbal communication" and so on. According to their distinct emotional colors and humorous meanings, we have particularly classified the phrases with obvious emotional attitudes into subclasses, or mark them with certain indications. Meanwhile, all the *idiomatic phrases* in the book are arranged into an index in alphabetical order for the convenience of the users.

As in *Idioms in Daily Life*, the compilers of *Idiomatic Phrases in Daily Life* are all backbone teachers who have been working at the front line of teaching Chinese as a foreign language for nearly twenty years. They are young and vigorous with rich experience, and all of them have experiences of teaching Chinese overseas. They have devoted themselves to the series to guarantee a high-quality compilation.

Supplementary materials of Chinese teaching are indispensible for foreigners to learn Chinese, and they are the supplement and extension of Chinese textbooks. We hope this set of books can help foreigners to improve their Chinese level and understand the Chinese cultural connotation further.

Pan Xianjun
June 2013

От автора

Китайские идиомы богаты культурными смыслами. В составляющих их внешне простых иероглифах нередко имеются глубоко скрытые юмор и остроумие, сильна выразительность, и этим обусловлено их широкое употребление в речи китайцев. Эти особенности идиом являются одной из трудностей в процессе овладения китайским языком для иностранных учащихся.

В Даляньском университете иностранных языков расположена Многоязычная база распространения китайского языка за рубежом. «Обучение китайским идиомам» — один из ее проектов. Для осуществления данного проекта мы с ответственными лицами, экспертами и редакторами нашего стратегического партнера — издательства «Пекинский лингвистический университет»—проводили многократные консультации, в результате которых оформились планы по составлению пособий по китайской фразеологии в виде серии книг о китайских идиомах.

Часть этой серии, «Фразеология в обиходной речи» (из трёх книг) уже издавалась в июне 2012 года и завоевала широкую популярность среди учащихся, что нас очень вдохновило. Мы все время мечтали о создании серии, применимой на продвинутом этапе обучения. И вот вышла в свет одна из таких книг — «Идиомы в обиходной речи».

Формат «Фразеологии в обиходной речи» сохранен,

в новой книге мы не только даем объяснение устойчивых выражений, но и уделяем внимание их употреблению, приводим типичные примеры. Часть примеров не только демонстрирует возможное расположение идиом в предложениях, но и включает микродиалоги для максимального приближения к обиходным коммуникативным ситуациям. Для того, чтобы учащиеся могли точнее понимать значение устойчивых выражений, мы привели переводный текст каждого привычного выражения, в некоторых местах даже снабдили их иллюстрациями.

«Идиомы в обиходной речи» состоит из двух книг. При составлении мы классифицировали идиомы по смыслу тематически. В первую книгу вошли такие темы, как «Описание психологических состояний», «Описание поведения» и «Описание состояния и качества». Вторая книга включает в себя «Выражение оценки человека», «Описание ситуации», «Описание предмета и явления» и «Речевые обороты», а также другие темы. Ввиду того, что устойчивые выражения, как правило, обладают ярко выраженными коннотативными компонентами, вплоть до юмористического оттенка, мы определили эмоциональные окраски идиом и снабдили их пояснениями. Для удобного поиска в конце книги приводится алфавитный указатель.

Как и в «Фразеологии в обиходной речи», новую книгу составили самые опытные преподаватели, которые неоднократно работали за рубежом и занимаются преподаванием китайского языка иностранцам почти двадцать лет. Они со всей присущей им энергией очень много работали, чтобы обеспечить достойное качество представленной на Ваш суд работы.

Учебные пособия по преподаванию китайского языка необходимы для иностранных учащихся в процессе обучения китайского языка и являются ключевым дополнением учебников по китайскому языку. Нам хочется надеяться, что эта серия книг сможет помочь иностранным учащимся в повышении уровня китайского языка и освоении китайской культуры.

Пань Сяньцзюнь
Июнь 2013 г.

致读者

你知道"开夜车"、"穿小鞋"是什么意思吗?它们跟"开车"、"穿鞋"可没关系,这些生动有趣、诙谐幽默的固定格式就是"惯用语",它是中国老百姓在日常生活中创造出来的一种活泼、自然的口头表达形式。大家要注意,不能单从字面上理解惯用语的意义,重要的是要了解它的深层含义。惯用语有强烈的感情色彩,听起来有趣,说起来生动,学起来也不难!不信?那么你就打开这套书试试吧。

这套书共2册,选择了生活中常见的200个惯用语,每册100个左右,按照它们所表达的意思进行了分类:有描写心理的,描摹行为的,描写状态与性质的,评价人物的……对于一些含有明显感情色彩的惯用语我们进行了特别的分类或标注,告诉你哪些是表示积极赞扬的,那些是表示讽刺批评的,这样在使用中就不会分不清对象和场合,闹出笑话来了。

每一个惯用语都有拼音、有解释、有翻译,还有丰富的用例;既告诉你这个惯用语的整体意义,又让你了解它的具体用法,特别是用例中还包括一个简短的对话,展示在真实的语境下如何使用它们。有些惯用语还配上了生动的插图,帮助你更加直观地理解它们。

有句话说得好:"习惯成自然。"翻开这套书,每天学习几个惯用语,慢慢地,你的表达会越来越生动、越来越地道。快快行动吧!

To Readers

Do you know the meanings of "开夜车"(literally "driving at night") and "穿小鞋"(literally "giving sb. tight shoes to wear")? In fact, they have nothing to do with "driving" or "wearing shoes" at all. These amusing and humorous phrases are idiomatic phrases, a kind of lively and spontaneous oral expressions created by common people in their daily life. What calls for special attention is that you cannot just interpret the literal meanings of these phrases, but have to understand their underlying meanings. What's more, idiomatic phrases show strong emotional attitudes. They sound funny and lively, and they are easy to learn! You doubt it? Then, just open the book and try.

This book is divided into two volumes, including 200 idiomatic phrases commonly used in real life. Each volume has about 100 idiomatic phrases, which are classified according to their functions, such as describing mentality, depicting behavior, describing a quality or state, commenting on people and so on. Meanwhile, we have specially classified and labeled the idiomatic phrases which show obvious emotional attitudes so as to tell you which of them are positive and commendatory and which are negative and derogatory. In this way, you will not make embarrassing mistakes due to confusion about when and where to use these phrases.

Each entry is provided with Chinese *pinyin*, definition, translation and abundant example sentences. They will tell you not only the meaning of each phrase, but also its specific usage. In particular, each entry includes a brief dialogue, which shows how to use the phrase in real-life context. Vivid illustrations are provided for some of the phrases, helping you understand them more directly.

As a saying goes, "Habit makes things natural". Open this book, learn a few idiomatic phrases every day, and you will gradually be able to express yourself in a more lively and genuine way. Here we go!

Читателям

Знаете ли вы значение выражений "开夜车"、"穿小鞋"? Они совсем не означают "开车" или "穿鞋". Это интересные, юмористические устойчивые обороты называются «идиомами». Это образцы живой, естественной, устной речи, созданной китайским народом в обиходной жизни. Обратите внимание, эти идиомы не следует понимать дословно, очень важно понимать их истинное, часто скрытое значение. Идиомы обладают яркой эмоциональной окраской, звучат интересно, живо, и учатся легко! Не верите? Тогда откройте эту серию учебников и убедитесь в этом!

В эту серию учебников входят два тома, включающие 200 наиболее употребительных в обиходной речи идиом. В каждом томе около 100 идиом, классифицированных по смыслу: описывающие психологические черты, состояния и качества, оценку людей и. т. д. В комментариях отмечены идиомы с сильно эмоциональной окраской: окраска положительная, одобрительная, ироническая и критическая. Таким образом, вы сможете точно и выразительно употреблять их.

Каждая идиома описана фонетической транскрипцией «пиньинь», комментарием, переводом и иллюстративными примерами. Вы познакомитесь не только со значением идиомы, но и увидите ее конкретное употребление, в частности, в примеры включены микродиалоги, чтобы иллюстрировать их употребление в живой речи. Некоторые идиомы даже сопровождены интересными картинками для лучшего их понимания.

Говорят: «Привычка — вторая натура». Откройте эту серию учебников, учите каждый день по несколько идиом, со временем вы будете говорить по-китайски лучше и чище. Действуйте смелее!

目录 CONTENTS
СОДЕРЖАНИЕ

描写心理 Describing mentality
Идиомы, описывающие психологические черты

A 积极肯定 Positive/Affirmative
С положительной оценкой

- A1 拿得起，放得下 ná de qǐ fàng de xià ……… 1

B 讽刺批评 Ironic/Critical
С отрицательной окраской

- B1 爱面子 ài miànzi ……… 2
- B2 吃醋 chī cù ……… 3
- B3 打算盘 dǎ suànpan ……… 4
- B4 打退堂鼓 dǎ tuìtánggǔ ……… 5
- B5 倒胃口 dǎo wèikou ……… 6
- B6 开小差 kāi xiǎochāi ……… 7
- B7 一口吃个胖子 yì kǒu chī ge pàngzi ……… 8

C 其他 Others
Прочие окраски

- C1 恨铁不成钢　hèn tiě bù chéng gāng ·········· 9
- C2 看不上眼　kàn bu shàng yǎn ················ 10
- C3 蒙在鼓里　méng zài gǔ li ···················· 11
- C4 摸不着门　mō bu zháo mén ················ 12
- C5 拿不出手　ná bu chū shǒu ·················· 13
- C6 碰运气　pèng yùnqi ························ 14
- C7 心肠软　xīncháng ruǎn ···················· 14
- C8 心里打鼓　xīn li dǎ gǔ ····················· 15
- C9 心里发毛　xīn li fā máo ···················· 16
- C10 心里没底　xīn li méi dǐ ···················· 17
- C11 硬着头皮　yìngzhe tóupí ·················· 18

描摹行为　Depicting a behavior
Идиомы, описывающие поведение

D 积极肯定 Positive/Affirmative
С положительной оценкой

- D1 唱主角　chàng zhǔjué ····················· 19
- D2 打满分　dǎ mǎnfēn ······················· 20
- D3 露一手　lòu yì shǒu ······················· 21
- D4 牵红线　qiān hóngxiàn ···················· 22

E 讽刺批评 Ironic/Critical
С отрицательной окраской

- E1 帮倒忙　bāng dàománg ···················· 23

E2	唱对台戏 chàng duìtáixì	24
E3	唱反调 chàng fǎndiào	25
E4	炒冷饭 chǎo lěngfàn	26
E5	吃青春饭 chī qīngchūnfàn	27
E6	出风头 chū fēngtou	28
E7	出难题 chū nántí	28
E8	出洋相 chū yángxiàng	29
E9	穿小鞋 chuān xiǎoxié	30
E10	打马虎眼 dǎ mǎhuyǎn	31
E11	当灯泡 dāng dēngpào	32
E12	交白卷 jiāo báijuàn	33
E13	磨洋工 mó yánggōng	34
E14	闹笑话 nào xiàohua	35
E15	泡病号 pào bìnghào	36
E16	泼冷水 pō lěngshuǐ	37
E17	敲竹杠 qiāo zhúgàng	38
E18	耍花招 shuǎ huāzhāo	38
E19	踢皮球 tī píqiú	39
E20	拖后腿 tuō hòutuǐ	40
E21	挖墙脚/挖墙角 wā qiángjiǎo	41
E22	找茬儿 zhǎo chár	42
E23	装门面 zhuāng ménmian	43
E24	装蒜 zhuāng suàn	44
E25	走后门 zǒu hòumén	45
E26	钻空子 zuān kòngzi	46
E27	钻牛角尖 zuān niújiǎojiān	47

F 其他 Others
Прочие окраски

F1	唱红脸	chàng hóngliǎn	48
F2	凑份子	còu fènzi	49
F3	打包票	dǎ bāopiào	50
F4	打下手	dǎ xiàshǒu	51
F5	吊胃口	diào wèikǒu	52
F6	交学费	jiāo xuéfèi	52
F7	开绿灯	kāi lǜdēng	53
F8	开夜车	kāi yèchē	54
F9	看走眼	kàn zǒu yǎn	55
F10	亮红灯	liàng hóngdēng	56
F11	留后路	liú hòulù	57
F12	拍板儿	pāi bǎnr	58
F13	跑龙套	pǎo lóngtào	59
F14	随大流	suí dàliú	60
F15	掏腰包	tāo yāobāo	61
F16	捅马蜂窝	tǒng mǎfēngwō	62

性质状态 Describing a quality or state
Идиомы, описывающие состояния и качества

G 积极肯定 Positive/Affirmative
С положительной оценкой

G1	不费吹灰之力	bú fèi chuī huī zhī lì	64

G2	呱呱叫 / 刮刮叫	guāguājiào	65
G3	接地气	jiē dìqì	66
G4	开眼界	kāi yǎnjiè	66
G5	有两下子	yǒu liǎngxiàzi	67
G6	有眉目	yǒu méimu	68

H 讽刺批评 Ironic/Critical

С отрицательной окраской

H1	八面光	bāmiànguāng	69
H2	不像话	bú xiànghuà	70
H3	不成器	bù chéngqì	71
H4	掉链子	diào liànzi	72
H5	耳朵软	ěrduo ruǎn	73
H6	耳旁风	ěrpángfēng	74
H7	老掉牙	lǎodiàoyá	74
H8	马后炮	mǎhòupào	75
H9	认死理儿	rèn sǐlǐr	76
H10	煞风景 / 杀风景	shā fēngjǐng	77
H11	笑掉大牙	xiào diào dàyá	77
H12	一锅粥	yìguōzhōu	78
H13	一团糟	yìtuánzāo	79
H14	一窝蜂	yìwōfēng	80
H15	有水分	yǒu shuǐfèn	81
H16	中看不中用	zhōngkàn bù zhōngyòng	82
H17	走过场	zǒu guòchǎng	83
H18	做白日梦	zuò báirìmèng	84

🔵 其他 Others
Прочие окраски

I1	爆冷门	bào lěngmén	86
I2	插不上手	chā bu shàng shǒu	87
I3	滚雪球	gǔn xuěqiú	88
I4	火烧眉毛	huǒ shāo méimao	89
I5	没影儿	méi yǐngr	89
I6	泡汤	pào tāng	90
I7	清一色	qīngyísè	91
I8	热门儿	rèménr	92
I9	伤脑筋	shāng nǎojīn	93
I10	有文章	yǒu wénzhāng	94

音序索引 | Index in Alphabetical Order 95
Фонетический индекс

描写心理
Describing mentality
Идиомы, описывающие психологические черты

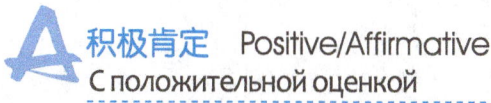

积极肯定　Positive/Affirmative
С положительной оценкой

A1 拿得起，放得下　ná de qǐ fàng de xià

【意义】形容人办事干脆，技术过硬。也形容人心胸开阔，不计较小事。含有赞扬的感情色彩。反义语为"拿不起，放不下"。

【Annotation】to be able to make a prompt decision, to be broad-minded, to put sth. behind and move on (Commendatory)

【Комментарий】Прекрасный работник, высококвалифицированный специалист, настоящий мастер. Также в значении: человек с широкой душой, который умеет не размениваться на пустяки. [Одобрительая окраска]

用例

（1）这个女人，家务活儿样样拿得起、放得下，肯定是个好妻子。

（2）别看他年纪轻，公司的业务拿得起、放得下，没人不佩服。

（3）不论面对批评还是赞扬，都要做到拿得起、放得下。

（4）你是个男子汉，遇事应该拿得起、放得下，不能小家子气。

（5）面对复杂的世界，我们应该有一颗拿得起、放得下的心。

（6）A：听说小陈失恋以后一直情绪低落。
　　B：在感情问题上，拿得起、放得下不容易做到。

B 讽刺批评 Ironic/Critical
С отрицательной окраской

B1 爱面子　ài miànzi

【意义】爱惜脸面，怕别人看不起自己。含有贬义。也说"爱脸面"。

【Annotation】to care too much about one's "face", to be sensitive about one's reputation, to be concerned about being looked down upon by others (Derogatory)

描写心理 Describing mentality
Идиомы, описывающие психологические черты

【Комментарий】Проявлять малодушие, бояться потерять лицо, слишком заботиться о собственной репутации. [отрицательная окраска]

用 例

（1）丽丽常常告诫我，太爱面子会吃大亏的。
（2）她很爱面子，你这样说，她肯定会生气的。
（3）有时候男人比女人更爱面子。
（4）因为爱面子，他们谁都不愿意先给对方道歉，结果两个人到现在还没和好。
（5）老张是个爱面子的人，让他去借钱，他张不开口。
（6）A：他收入并不高，怎么总是买名牌啊？
　　　B：爱面子呗，把钱都花在表面了。

B2 吃醋 chī cù

【意义】指产生嫉妒心理（多指在男女关系上）。
【Annotation】to eat vinegar—(usu. of a rival in love) to be jealous

【Комментарий】Ревновать (чаще в отношениях между мужчиной и женщиной).

用·例

（1）你只请小兰一个人吃饭，不怕她男朋友吃醋啊？
（2）大卫对别的女孩太热心，当然会让女朋友吃醋了。
（3）你怎么了，酸溜溜的，又吃谁的醋了？
（4）我跟她只是普通朋友，你吃什么醋呢？
（5）人家都说女人爱吃醋，我可不这么认为。
（6）A：你爱人身边有那么多漂亮的女同事，你有没有吃醋的时候？
　　B：我理解他的工作，不会吃醋的。

B3 打算盘　dǎ suànpan

【意义】比喻在心里盘算、计划。也说"拨（bō）算盘"。

描写心理 Describing mentality

Идиомы, описывающие психологические черты

【Annotation】to turn things over in one's mind, to calculate and scheme

【Комментарий】Дословный перевод: считать на счетах. В значении: обдумывать что-н., продумывать что-н., рассчитывать.

用 例

（1）你别总在一些小事上打算盘。
（2）咱们不能只为自己打算盘，还得为公司的发展想一想。
（3）这个餐馆开还是不开？老赵一边走，一边在心里打起算盘来。
（4）咱们是一个集体，大家要心往一块儿想，不能自己打自己的小算盘。
（5）他这个人，处处好（hào）打算盘，精明得很。
（6）李姐是个很会为自己打算盘的人，办事从来不吃亏。
（7）A：你为什么总买打折的衣服？
B：唉，物价高，工资低，买什么都得打算盘。

B4 打退堂鼓　dǎ tuìtánggǔ

【意义】比喻遇到困难或发生问题时，中途改变主意或向后退缩。退堂鼓：旧时官员结束办公退出大堂时敲的鼓。含有贬义。

【Annotation】to back out, to beat a retreat (Derogatory)

生活中的惯用语 1 Idiomatic Phrases in Daily Life 1
Идиомы в обиходной жизни 1

【Комментарий】В случае возникновения трудностей или проблем передумать или отступить. [Отрицательная окраска]

用 例

（1）事情已经做了一半，这时候打退堂鼓可不行。
（2）眼看就要成功了，现在打退堂鼓多可惜啊。
（3）计划是你提出来的，怎么你先打起了退堂鼓？
（4）决定了就要做下去，打退堂鼓的事咱不能干。
（5）打退堂鼓的人是他，不是我。
（6）A：你是怎么获得成功的？
　　B：主要是坚持。遇到困难的时候我也想过打退堂鼓，可是最后还是坚持下来了。
　　A：是啊，坚持就是胜利。

B5 倒胃口　dǎo wèikou

【意义】没有食欲，不想再吃，比喻对某人某事厌烦而不愿接受。含有厌恶的感情色彩。

【Annotation】to spoil one's appetite, to put sb. off his/her food, to get fed up, to be disgusted

【Комментарий】Прямое значение: отсутствие аппетита, нежелание есть. Переносное значение: набить оскомину, надоесть до тошноты. [Отрицательная окраска — антипатия]

描写心理 Describing mentality

Идиомы, описывающие психологические черты

用 例

（1）看电视剧看到一半，突然来了广告，真倒胃口。
（2）你总是说这些让人倒胃口的话，谁喜欢听啊？
（3）又提过去的事了，说了几百遍，也不怕倒胃口。
（4）这本小说写得太差，让人看得倒胃口。
（5）就这么几个故事，讲了一遍又一遍，孩子听得都倒胃口了。
（6）A：亲爱的，听听我写的诗。
　　　B：不听不听，听了会倒胃口的。

B6 开小差 kāi xiǎochāi

【意义】原指军人逃离部队，现在比喻没经同意就离开工作岗位，或思想不集中。含有批评的感情色彩。

生活中的惯用语 1 Idiomatic Phrases in Daily Life 1
Идиомы в обиходной жизни 1

【Annotation】(of a soldier) to desert one's post—to sneak off; to be absent-minded, to be woolgathering (Criticizing)

【Комментарий】Первоначальное значение: солдат дезертирует, сейчас в значении: без разрешения уходить с работы или относиться к работе с прохладцей. [Критическая окраска]

用 例

（1）现在是工作时间，开小差可不行，让领导发现就麻烦了。
（2）同事们都在加班，只有小王开小差，跟女朋友约会去了。
（3）因为常开小差，他被老板炒鱿鱼了。
（4）大龙工作非常认真，从没出现过开小差的情况。
（5）弟弟上课注意听讲，从来不开小差。
（6）A：他虽然人坐在这儿，可是思想却开了小差。
　　　B：你是怎么知道的？
　　　A：你看他的表情就知道了。

B7 一口吃个胖子 yì kǒu chī ge pàngzi

【意义】比喻一下子就想发财或成功，形容人急于求成。含有讽刺的感情色彩。也说"一口吃成胖子"。

【Annotation】to be anxious for immediate success, to be in a hurry to succeed (Ironic)

描写心理 Describing mentality

Идиомы, описывающие психологические черты

【Комментарий】В значении: кто-то хочет разбогатеть или достигнуть успехов немедленно, без труда. [Ироническая окраска]

用 例

（1）做事要有耐心，一口吃个胖子是不可能的。
（2）他干什么都着急，恨不能一口吃个胖子。
（3）钱不是那么容易赚的，谁也不会一口吃个胖子。
（4）你别指望一口吃个胖子，什么事都得有个过程。
（5）一口吃个胖子的想法要不得，做什么事都得一步一步来。
（6）A：你想一口吃个胖子？就怕你没这个本事。
    B：你误会了，我只是想有没有办法可以干得快一点儿。

C 其他 Others
Прочие окраски

C1 恨铁不成钢 hèn tiě bù chéng gāng

【意义】比喻对人要求严格，迫切希望他有更好的发展。

【Annotation】to wish iron could turn into steel at once— to be anxious for sb. to improve, to feel disappointed that sb. does not live up to one's expectations

【Комментарий】В значении: строго относиться к кому-н., ожидая от человека еще больших достижений.

Идиомы в обиходной жизни 1

（1）恨铁不成钢往往是父母对子女的一种爱的方式。

（2）老师批评你，那是恨铁不成钢，其实你是她最喜欢的学生。

（3）你妈妈这么做也是恨铁不成钢，她当然是为你好。

（4）你看他那一副恨铁不成钢的样子，就知道这次他儿子肯定又没考好。

（5）孩子小，无法理解父母恨铁不成钢的心情，等他长大就知道了。

（6）A：对孩子应该多鼓励，少批评。
　　B：没办法，我就是恨铁不成钢，一见他不努力我就想说几句。

C2 看不上眼　kàn bu shàng yǎn

【意义】指不中意、不喜欢。

【Annotation】to spurn, to hold in contempt

【Комментарий】Не нравиться, не по своему вкусу.

（1）小黄眼光高，同事给她介绍了好几个男朋友，她都看不上眼。

（2）我这个旧手机，连小偷都看不上眼，谁会拿呢？

（3）为什么你总是对我做的事看不上眼？

描写心理 Describing mentality
Идиомы, описывающие психологические черты

(4) 这些东西，你们看得上眼的就拿走，看不上眼的就扔掉。
(5) 他用别人都看不上眼的材料，做出了这件令人惊叹的艺术品。
(6) A：你逛了一下午，怎么什么也没买？
B：便宜的东西我看不上眼，贵的呢，又买不起。

C3 蒙在鼓里　méng zài gǔ li

【意义】比喻受人蒙蔽，对已经发生并与自己有关系的事情一点儿都不知道。

【Annotation】to be kept in the dark

【Комментарий】В значении: быть обманутым, не знать ничего о происходящем и касающемся себя деле.

用 例

(1) 幸亏周先生告诉我们实情，不然我们还蒙在鼓里呢。
(2) 记者就是要报道事实，不能让老百姓蒙在鼓里。
(3) 这么重要的事你们不告诉我，把我一个人蒙在鼓里，为什么？
(4) 如果你不想被蒙在鼓里，就跟我一起去调查一下吧。
(5) 越来越多的人知道了真相，蒙在鼓里的人只是少数。

（6）A：听说你儿子有女朋友了。
   B：谁说的？
   A：大家都知道了，就你还蒙在鼓里呢。

C4　摸不着门　mō bu zháo mén

【意义】比喻不了解情况，不知道究竟。也指找不到做某事的门路。

【Annotation】to be unable to make head or tail of sth., to feel at a loss, to be all at sea

【Комментарий】В значениии: не быть в курсе дел, не знать сути дел, не найти пути к решению проблемы.

用 · 例

（1）刚干这一行的时候，我也摸不着门，干久了就有经验了。

（2）在教育孩子方面，很多家长摸不着门，方法不当，效果不理想。

（3）我对电器修理一直很有兴趣，不过没人指导，还摸不着门。

（4）你是新手，摸不着门的时候多请教老同事。

（5）这种游戏玩法很特别，摸不着门的人，肯定玩不好。

（6）A：今天爸爸为什么发火？
   B：我们也摸不着门呢。可能是他工作不顺心吧。

描写心理 Describing mentality
Идиомы, описывающие психологические черты

C5 拿不出手 ná bu chū shǒu

【意义】觉得给别人的东西太少或者不够好，不好意思拿出去。

【Annotation】not presentable, not good enough

【Комментарий】Стыдно сделать подарок из-за того, что он недостаточно ценен.

用·例

（1）这点儿小礼物真是拿不出手。
（2）你要是觉得两盒点心拿不出手，就再买点儿水果。
（3）我字写得不好，拿不出手，还是你来写吧。
（4）这件工艺品还不错，只是包装太简单，根本拿不出手，要是换一个漂亮的盒子就好了。
（5）这张照片照得太差了，丑得拿不出手。
（6）A：这画儿是你画的吗？不错呀。
　　B：我这初级水平，根本拿不出手。
　　A：你就别谦虚了。

生活中的惯用语 1 Idiomatic Phrases in Daily Life 1
Идиомы в обиходной жизни 1

C6 碰运气　pèng yùnqi

【意义】指做事没有把握，只靠机遇来决定成败。

【Annotation】to try one's luck, to take a chance

【Комментарий】Делать что-н. без уверенности в успехе, полагаться на судьбу. Синоним в русском языке: на авось.

用　例

（1）咱们也碰碰运气，说不定会中大奖呢。
（2）在国内找不到工作，他决定到国外碰碰运气。
（3）今天能不能钓到大鱼，就碰运气了。
（4）成功是靠努力得来的，而不是靠碰运气。
（5）我们俩抱着碰运气的心态来到美术馆，可是工作人员告诉我们，票早已经卖完了。
（6）A：明天的面试你准备得怎么样？
　　B：能不能成功，我心里也没底，只当碰碰运气吧。

C7 心肠软　xīncháng ruǎn

【意义】指人心地善良，容易被感动或动摇。反义语为"心肠硬"。

【Annotation】(opposite to "hard-hearted") to be soft-hearted, to have a tender heart

【Комментарий】Добрый человек, которого легко растрогать, мягкосердечный, сердобольный человек.

描写心理 Describing mentality

Идиомы, описывающие психологические черты

用 例

（1）心肠软不是不好，不过也要分清对象。
（2）张大妈心肠软，你多说点儿好话，她肯定会答应。
（3）记住妈妈的话，对坏人可不能心肠太软。
（4）他呀，是个嘴巴硬心肠软的人，时间长了你就知道了。
（5）谁都有心肠软的时候，你好好儿跟她认个错，她就原谅你了。
（6）A：家里怎么多了一只猫？
　　B：我昨天看到一只流浪猫，心肠一软，就把它带回来了。

C8 心里打鼓 xīn li dǎ gǔ

【意义】形容因为担心而感到紧张和慌乱。

【Annotation】to have butterflies in the stomach, to feel nervous and uneasy

【Комментарий】Волноваться и растеряться из-за волнения.

【用例】
（1）遇到这种事，心里打鼓是正常的。
（2）说实话，对于能否完成目标，我也是心里打鼓。
（3）一听说老师让我到他办公室去，我就心里打鼓。
（4）她表面上看起来很平静，其实心里一直在打鼓。
（5）虽然报了名，小冬心里却打起了鼓，万一自己在比赛中表现不好，多丢面子。
（6）A：从他走后我心里一直打鼓，不知道他会不会回来。
    B：只要他心里有你，就一定会回来的。

C9 心里发毛 xīn li fā máo

【意义】形容内心非常惊慌、害怕。

【Annotation】to be panic-stricken, to feel scared

【Комментарий】Очень волноваться (тревожиться), бояться в душе.

【用例】
（1）她一看见血，就心里发毛。
（2）这个电影太恐怖了，看得我心里发毛。
（3）别说了，你讲了那么多鬼故事，让人心里直发毛。

描写心理 **Describing mentality**
Идиомы, описывающие психологические черты

（4）这段路没有路灯，晚上走过去，别说女人，连男人都心里发毛。

（5）小冬一直神秘地朝我笑，笑得我心里有些发毛。

（6）A：不知道为什么，这几天总觉得心里发毛。
　　B：是不是快考试了，你有点紧张？

C10 心里没底　xīn li méi dǐ

【意义】指做事没有把握或信心。反义语为"心里有底"。

【Annotation】(opposite to "knowing fairly well") to be uncertain or not confident about doing sth.

【Комментарий】Делать что-н. без уверенности.

用·例

（1）这事到底能不能成，我心里没底啊。

（2）虽然广告上说得很好，可是这种新产品还是让人心里没底。

（3）小王一会儿说没问题，一会儿又说有困难，弄得我心里没底。

（4）他觉得心里没底，只好跑出去到处打听情况。

（5）心里没底的事不要轻易答应，答应下来做不了怎么办？

（6）A：虽然心里没什么底，可我还是想试试。
　　B：试试吧，重在参与，结果不重要。

C11 硬着头皮　　yìngzhe tóupí

【意义】指不愿意做却没办法，只好勉强去做。

【Annotation】to toughen one's scalp—to bite the bullet, to force oneself to do sth. against one's will

【Комментарий】Делать что-либо по необходимости, но без желания

用 例

（1）既然人家已经邀请了，咱们硬着头皮也得去啊。
（2）这篇文章太难了，我是硬着头皮翻译出来的。
（3）外面又黑又冷，可是为了给生病的妈妈买药，小丽硬着头皮走了出去。
（4）要不是他硬着头皮坚持，公司早就完了，更不会发展到今天这个规模。
（5）人生许多事，其实是硬着头皮才做成的。
（6）A：怎么办？工程干到一半没钱了。
　　B：没办法，经理已经硬着头皮去借钱了。

Depicting a behavior
Идиомы, описывающие поведение

积极肯定　Positive/Affirmative
С положительной оценкой

D1 唱主角　chàng zhǔjué

【意义】指承担主要责任或在某方面起主导作用。

【Annotation】to take main responsibility or play the leading role

【Комментарий】Принять на себя ответственность или играть ведущую роль в чем-н.

(1) 我的业务水平不够，经验也不丰富，唱主角还不行。

(2) 老张，明天的经验交流会由你唱主角，你好好准备一下。

(3) 在课堂上，老师只是个引导者，应该让学生唱主角。

(4)本周晴,好天气唱主角,市民可以放心出行。

(5)今天是你的生日晚会,你当然是唱主角的人。

(6)A:我发现今年特别流行白裙子。

B:没错,这个夏天白色将会唱主角。

D2 打满分　dǎ mǎnfēn

【意义】指对人或事物十分满意。含有赞扬的感情色彩。

【Annotation】to give a full mark—to be very satisfied with sb./sth. (Praising)

【Комментарий】Быть очень довольным кем-чем-н. [Одобрительная окраска]

用·例

(1)这件事老刘处理得相当好,我们给他打了满分。

(2)三年来,公司资助了多名贫困学生,大家为公司的做法打满分。

(3)虽然不能打满分,但总的来说他的表现还不错。

(4)这是一部可以打满分的电影,建议大家都去看看。

(5)A:怎么样,这件事我办得不错吧?

B:办得挺好,打个满分吧。

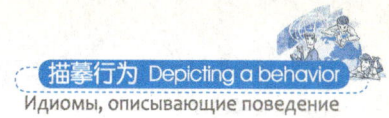

描摹行为 Depicting a behavior
Идиомы, описывающие поведение

D3 露一手 lòu yì shǒu

【意义】在某一方面或某件事上显示本领给别人看。一手，指一种技能或本领。也说"亮一手"。

【Annotation】to make an exhibition of one's forte, speciality, ability or skill

【Комментарий】Показать другим свое умение или способности к чему-н.

用·例

(1) 既然大家这么说，我就给在场的各位露一手，表演一段小魔术。

(2) 丽丽拉丁舞跳得不错，去年的新年晚会上，她还露过一手呢。

(3) 给大家露一手怕什么？你京剧唱得好，谁都知道。

(4) 今天我来露一手，给你们做几个拿手菜。

(5) 他唱歌唱得好，每次开晚会，都要露一手。

(6) A：听说圣诞晚会小明要表演吉他弹唱？
　　B：是啊，他练了很久，终于有了露一手的机会，当然不能错过。

D4 牵红线　qiān hóngxiàn

【意义】给没结婚的男女做媒，介绍对象。

【Annotation】to act as a matchmaker

【Комментарий】Дословный перевод: протянуть красную нить. Переносное значение: быть посредником для молодых людей и девушек, сватать, заниматься сватовством.

用 例

（1）张大妈非常热心，常常给身边的年轻人牵红线。

（2）现在电视上有很多为未婚男女牵红线的相亲节目。

（3）他们因摄影而相识，可以说是摄影为他俩牵的红线。

（4）我曾经给朋友牵过几次红线，可惜都没成功。

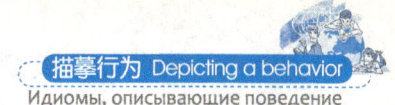

描摹行为 Depicting a behavior
Идиомы, описывающие поведение

（5）政府为企业和人才"牵红线"，帮助大学生解决就业问题。
（6）A：小李，听说你还没有女朋友？
　　B：是呀。大姐，你能不能帮我牵牵红线啊？
　　A：放心吧，大姐牵红线的水平你是知道的。

讽刺批评　Ironic/Critical
С отрицательной окраской

E1 帮倒忙　bāng dàománg

【意义】好心帮忙却不得法，反而给人添了麻烦。含有埋怨的感情色彩。

【Annotation】to be more of a hindrance instead when one wants to be helpful, to do more harm than good, to do (sb.) a disservice (rather than a service) (Complaining)

【Комментарий】Стремиться помочь кому-либо из лучших побуждений, но неумелой помощью приносить лишние хлопоты. Синоним в русском языке: оказывать медвежью услугу.

用　例

（1）那些事你做不了，别去给他们帮倒忙了。
（2）人家姑娘有对象，你就别操心了，免得帮倒忙。

Идиомы в обиходной жизни 1

（3）好好儿的衣服让你洗坏了，这不是帮倒忙吗？

（4）老李热心是热心，不过帮倒忙的时候也不少。

（5）生活中，好心帮倒忙的情况常常发生。

（6）A：我昨晚帮妻子洗碗，没想到却帮了个倒忙。

　　B：怎么了？

　　A：一不小心，摔碎了两个盘子。

E2 唱对台戏　chàng duìtáixì

【意义】两个戏班为了比高低，在同时、同地（或相近的地方）演出相同的戏。比喻采取相对立的行动来反对或胜过对方。

【Annotation】to put on a rival show—to challenge sb. with opposing views, to enter into rivalry

【Комментарий】Две театральные труппы конкурируют между собой, и выступают одновременно в одном месте с одинаковым спектаклем. В знач.: бить соперника его же оружием.

用·例

(1) 我说什么你反对什么，你这对台戏唱得不错呀！
(2) 这个年龄的孩子总是跟家长唱对台戏。
(3) 两家公司唱起了对台戏，大打价格战，让消费者得到了实惠。
(4) 在这个问题上，他们两个一直在唱对台戏。
(5) 我不是想跟你唱对台戏，只是我有不同的意见。
(6) A：在教育孩子的问题上，公公婆婆总是跟我唱对台戏。
　　 B：你们年纪不同，教育观念也不同，这是正常的。

E3 唱反调　chàng fǎndiào

【意义】比喻提出相反的意见或采取相反的行动。

【Annotation】to sing a different tune — to deliberately speak or act contrary to, to air an opposing view, to run/act counter to

【Комментарий】В значении: представить противоположное мнение или предпринять противоположное действие.

Идиомы в обиходной жизни 1

(1) 唱反调可以，但是你得说出道理来。
(2) 他总是跟我唱反调，我们没法儿合作。
(3) 方案提出后，要容许有不同的意见，甚至是唱反调。
(4) 孙经理很喜欢大刚这个爱"唱反调"的员工，经常征求他的意见。
(5) 对这种做法，赞成的人很多，唱反调的人也不少。
(6) A：为什么我一提建议你就唱反调？
    B：我只是针对你的建议，不是针对你。

E4 炒冷饭　chǎo lěngfàn

【意义】比喻重复已经说过的话或做过的事，没有新内容。

【Annotation】to heat/stir-fry leftover rice — to repeat what has been said or done without adding any new content, to say or do the same old thing, to rehash

【Комментарий】В значении: повторять сказанные слова или сделанные дела, не создавая ничего нового. Синоним в русском языке: петь старую песенку.

(1) 干记者这一行，炒冷饭可不行，要随时关注新动态。
(2) 炒冷饭会有市场吗？我觉得没有人喜欢重复的节目。

(3)他最近没有新的研究成果,这次演讲只能炒冷饭了。
(4)如果不想炒前人的冷饭,就必须有创新。
(5)这种学术上炒冷饭的现象,最近时常发生。
(6)A:你可以试着翻译这部小说。
　　B:很多人都翻译过了,我可不想炒冷饭。

E5 吃青春饭　chī qīngchūnfàn

【意义】指靠年轻漂亮或年轻力壮为资本谋生。

【Annotation】to live on youth and beauty, to make a living by doing jobs done by young people only

【Комментарий】Зарабатывать на жизнь, полагаясь на молодость, красоту или силу.

用·例

(1)吃青春饭不会长久,年纪大了怎么办?
(2)演员过了三十五岁,就吃不了青春饭了,必须得靠演技。
(3)你不想吃青春饭,就必须为自己做一个长远的职业规划。
(4)她打算先吃几年青春饭,有了工作经验以后再找一份稳定的职业。
(5)很多人认为时装模特是一个吃青春饭的职业。
(6)A:我想当一名空姐。
　　B:这是吃青春饭的行业,干不了几年。
　　A:那可不一定,飞机上还有"空嫂"呢。

E6 出风头　chū fēngtou

【意义】出头露面，显示自己。

【Annotation】to push oneself forward, to seek the limelight, to steal the scene, to get a lot of publicity

【Комментарий】Выставлять себя напоказ, стремиться выделиться из массы, обратить на себя внимание.

用 · 例

（1）老张是个很传统的人，他不喜欢妻子在外面出风头。

（2）丽丽在卡拉OK比赛中大出风头，一下子成了学校里的名人。

（3）这场篮球比赛中一队的8号队员打得最好，出尽了风头。

（4）那位女演员做什么事都喜欢出风头，很多人看不惯她。

（5）小李是个爱出风头的人。

（6）A：听说你在会上提出了一个大胆的计划，很受关注。

　　B：我这样做不是为了出风头，而是为了公司的发展。

E7 出难题　chū nántí

【意义】指故意制造困难，为难人。

【Annotation】to set difficult questions, to set sb. a very difficult task

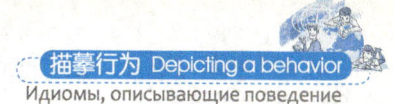

【Комментарий】 Намеренно создать трудности, затруднить кого-н.

用·例

（1）给新来的科长出难题是小张的主意，跟我没关系。
（2）让我表演小品，这不是给我出难题吗？
（3）你呀，自己给自己出了个大难题，看你怎么办吧。
（4）这次，老王不但没帮我们解决困难，反而给我们出了一大堆难题。
（5）他这种人，总爱给别人出难题，大家都不喜欢他。
（6）A：你怎么了，好像不太高兴。
　　B：科长总是给我出难题，我真不知道自己做错了什么。
　　A：也许领导是在考验你吧。

E8 出洋相　chū yángxiàng

生活中的惯用语 1 Idiomatic Phrases in Daily Life 1
Идиомы в обиходной жизни 1

【意义】指当众出丑，让人笑话。

【Annotation】to make a fool/laughing stock of sb., to cut a sorry/ridiculous figure

【Комментарий】Оскандалиться, опозориться, предстать смешным перед людьми. Синоним в русском языке: сесть в калошу (в лужу).

用 例

（1）刚开始练习拉丁舞时，我们总跳不好，出了不少洋相。

（2）在朋友面前出点洋相不算什么，没人会笑话。

（3）那位歌手因为表演时忘记歌词而大出洋相。

（4）他呀，酒一喝多就爱出洋相。

（5）咱们谁也别笑话谁，都有出洋相的时候。

（6）A：我不想上台表演，怕在大家面前出洋相。

　　B：怕什么，都是自己班的同学，没有人会笑你的。

E9 **穿小鞋** chuān xiǎoxié

【意义】比喻暗中刁难或打击报复。含有贬义。

【Annotation】to give sb. tight shoes to wear—to deliberately put sb. to trouble, to give sb. a hard nut to crack (Derogatory)

【Комментарий】Придираться, тайком создавать трудности или отомстить кому-либо. [Отрицательная окраска]

描摹行为 Depicting a behavior
Идиомы, описывающие поведение

用 例

（1）我们都看出来了，他是故意给你穿小鞋。
（2）不要因为人家给你提意见，你就给人家穿小鞋。
（3）我在以前的公司总被领导穿小鞋，只好辞职不干了。
（4）孙经理为人正直，办事公道，从来不做给人穿小鞋的事，大家都很尊敬他。
（5）A：昨天我跟上司吵了一架，不知道以后会不会被穿小鞋？
　　B：不会吧，做领导的不应该这么小心眼儿。

E10 打马虎眼　dǎ mǎhuyǎn

【意义】比喻故意装糊涂骗人。

【Annotation】to pretend to be ignorant of sth. in order to gloss it over or shirk responsibility, to act dumb

【Комментарий】Морочить кому-либо голову, втирать очки.

用 例

（1）小马办事一就是一，二就是二，没跟谁打过马虎眼。
（2）别把这些情况告诉老王，老王要是问你，你就跟他打马虎眼。
（3）今天多亏你帮我打马虎眼，不然我又得被我老爸骂了。
（4）老赵是个实在人，从来不会打马虎眼。

生活中的惯用语 1
Идиомы в обиходной жизни 1

(5) 他用打马虎眼的办法转移了坏人的注意力，为警察争取了时间。
(6) A：你们别跟我打马虎眼，快说，昨天晚上去哪儿了？
　　 B：我们说的都是实话，哪儿敢跟您打马虎眼呢。

E11 当灯泡　dāng dēngpào

【意义】指跟男女恋人在一起，妨碍他们谈情说爱。有调侃的感情色彩。也说"当电灯泡"。
【Annotation】to play gooseberry, to be a third wheel
【Комментарий】Мешать влюбленным своим присутствием [Шутливая окраска]

用·例
(1) 给人当灯泡我可不干，谁愿意去谁去吧。
(2) 你跟男朋友约会还叫上我，我不就成灯泡了吗？

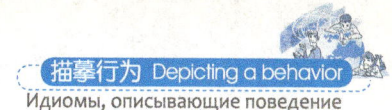

（3）说实话,我一直不知道他们俩好上了,所以当了半年多的电灯泡。
（4）只要有人请我吃饭,我就去,我才不在乎当电灯泡呢。
（5）快说说,当电灯泡的感觉怎么样?
（6）A：今天下午我跟小李一起去书店,你也去吧。
　　B：我可不想当电灯泡。
　　A：你误会了,我跟小李只是一般的朋友。

E12 交白卷　jiāo báijuàn

【意义】原指考生不能回答试题,把空白试卷交上去,比喻该做的事没做或没有完成任务。含有责备的感情色彩。

【Annotation】to hand in a blank examination paper — to completely fail to accomplish a task (Criticizing)

生活中的惯用语 1 Idiomatic Phrases in Daily Life 1
Идиомы в обиходной жизни 1

【Комментарий】Первоначальное значение: экзаменующийся не мог ответить на вопросы и сдал экзамен без ответов на вопросы. Сейчас в значении: не выполнить дела или задания, входящие в круг обязанностей. [Упрек или порицание]

用 例

（1）研究了这么多年却没有结果，最后交了白卷，真让人难过。

（2）咱们必须把事情调查清楚，不能向群众交白卷。

（3）这些年他一直忙工作，三十多岁了还没女朋友，在爱情方面交了白卷。

（4）人生不能交白卷，每个人都要努力奋斗。

（5）这次环保检查中，交白卷的企业将受到重罚。

（6）A：这次派你出国进修，是为了公司的长远发展，你可不能让大家失望啊。

B：放心吧经理，我不会交白卷的。

E13 磨洋工　mó yánggōng

【意义】比喻做事拖延时间，不认真干。洋工，工夫。含有贬责的感情色彩。

【Annotation】to loaf on the job, to dawdle/linger over one's work, to lie down on the job (Derogatory)

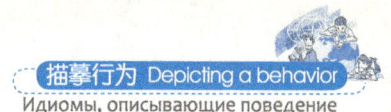
描摹行为 Depicting a behavior
Идиомы, описывающие поведение

【Комментарий】Тянуть время, работать спустя рукава. [Отрицательная окраска]

用 例

(1) 写作业的时候磨洋工是个坏习惯，一定要改。
(2) 你要提高学习效率，别总在那儿磨洋工。
(3) 要干咱们就快点儿干，我最讨厌磨洋工。
(4) 磨了半天洋工，见老板真发火了，小冬才开始干活。
(5) 如果干多干少都一样，那么磨洋工的人就会越来越多。
(6) A: 这么点儿活儿你干了一上午，太能磨洋工了！
    B: 不是我磨洋工，这是细活儿，得慢慢来。

E14 **闹笑话** nào xiàohua

【意义】因为粗心或缺少知识经验而发生可笑的错误。

【Annotation】to make a stupid mistake, to make a fool of oneself

【Комментарий】Совершать смешные ошибки из-за небрежности или отсутствия знания и опыта.

用 例

(1) 这事儿得好好儿准备，真闹出笑话就麻烦了，多丢面子。
(2) 第一次坐飞机，老张闹了不少笑话。

（3）因为认错了人，今天闹了这么大的笑话，真不好意思。

（4）遇到不会写的字可以查字典，免得写错别字，闹出笑话来。

（5）第一次在这么多人面前发言，他真担心闹出笑话来。

（6）我刚做翻译工作的时候，因为经验不足，闹笑话的情况时常发生。

（7）A：你呀，一天闹了两次笑话，真是太丢人了。

　　B：我听不懂方言，没办法啊。

E15 泡病号　pào bìnghào

【意义】指没病装病，小病大养。含有批评的感情色彩。

【Annotation】to shun/shirk/dodge work by pretending to be ill, to malinger (Criticizing)

【Комментарий】В значении: притворяться больным, спекулировать на незначительной болезни. [Критическая окраска]

用 例

（1）为了逃避劳动，泡病号是她最常用的办法。

（2）现在是公司最需要人的时候，你却在家泡起了病号，太不像话了！

（3）丽丽不是泡病号，而是身体真的不舒服。

（4）我们单位管理严格，没人敢泡病号。

（5）你们公司有没有员工泡病号的情况？

描摹行为 Depicting a behavior
Идиомы, описывающие поведение

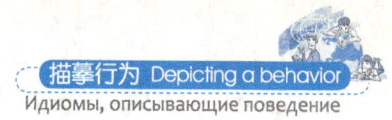

（6）A：听说我们厂有一位女工长期泡病号，结果丢了工作。
　　B：对这种人早就该严格处理了。

E16 泼冷水　　pō lěngshuǐ

【意义】比喻打击人的积极性，降低人的热情。也说"浇冷水"。

【Annotation】to pour cold water on—to dampen one's enthusiasm, to discourage

【Комментарий】В значении: охладить энтузиазм, активность. Синонимы в русском языке: вылить ушат холодной воды, окатить (облить) ушатом холодной воды.

用 例

（1）他的想法虽然有些天真，但是总泼冷水也不好，我们让他试试吧。
（2）你们现在头脑发热，需要泼泼冷水，清醒一下。
（3）队员们的积极性很高，分组结果却给他们泼了一盆冷水。
（4）老师，您对同学们参加比赛的积极性要鼓励，不能泼冷水。
（5）我不想做一个泼冷水的人，但是我提醒你们，这件事没那么容易。
（6）A：这次我一定能成功！
　　B：还是小心一点儿好。上次你也是这么说的。
　　A：你怎么又给我泼冷水？

生活中的惯用语 1 Idiomatic Phrases in Daily Life 1
Идиомы в обиходной жизни 1

E17 敲竹杠　qiāo zhúgàng

【意义】比喻利用别人的弱点或找某种借口，索要财物或抬高价格。含有贬责的感情色彩。

【Annotation】to fleece, to make sb. pay through the nose, to overcharge sb. (Derogatory)

【Комментарий】Необоснованно повышать цены на товары, используя чужие недостатки или какие-н. поводы. [Отрицательная окраска]

用·例

（1）这里的人见钱眼开，敲竹杠是很常见的事。

（2）平时才卖一万块钱，你看我们急需就卖两万，这不是敲竹杠吗？

（3）我今天太倒霉了，被人敲了一回竹杠，多花了很多钱。

（4）那个坏人想敲老张的竹杠，幸好老张及时报了警。

（5）有人想利用这次拆迁大赚一笔，因此发生了多起敲竹杠的事情。

（6）A：到火车站多少钱？
　　 B：100块钱。今天下雪了，路不好走。
　　 A：那也不能这么贵啊！平时不都是20块钱吗？你也太能敲竹杠了！

E18 耍花招　shuǎ huāzhāo

【意义】玩弄技巧，欺骗人。花招，练武术时好看但不一定实用的动作，比喻欺骗人的手段、计策等。也说"玩儿花招"、"使花招"。

描摹行为 Depicting a behavior
Идиомы, описывающие поведение

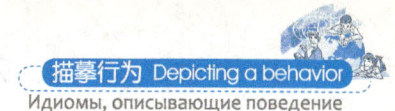

【Annotation】to play tricks, to resort to stratagems

【Комментарий】Пускаться на хитрости, обманывать. Huāzhāo — движение в ушу, здесь в значении: способ, план обмана.

用 例

（1）你别得意得太早，你要的这点小花招早就被我们识破了。
（2）你要是再在我面前耍花招，别怪我不客气！
（3）我倒要看看，这家伙还能耍什么新花招？
（4）这个人十分狡猾，很会耍花招，你千万要小心。
（5）你还是老老实实承认错误吧，我们可不喜欢耍花招的人。
（6）A：这钱真不是我偷的，不信你翻我的包。
　　B：别耍花招了，跟我到派出所走一趟。

E19 踢皮球　tī píqiú

【意义】比喻对工作或应该解决的事情推来推去，不肯负责任。

【Annotation】to kick sth. back and forth like a ball, to pass the buck, to shift responsibility onto each other

【Комментарий】Дословный перевод: играть в мяч. В знач.: стараясь отделаться от дел, переложить их или ответственность на другого человека.

生活中的惯用语 1　Idiomatic Phrases in Daily Life 1

Идиомы в обиходной жизни 1

用例

（1）踢皮球不能解决问题，咱们还是一起想个办法吧。

（2）孩子上学的事，学校让找教育局，教育局又让找学校，来回踢皮球。

（3）由于两个部门互相踢皮球，这个问题一直没有得到解决。

（4）厂家和商场都主动承担责任，从来没踢过皮球。

（5）对于这种踢皮球的行为，我们应该想办法制止。

（6）A：你应该去工商部门办理。
　　B：我去过了，可是他们让我到这儿来。你们这不是踢皮球吗？

E20 拖后腿　tuō hòutuǐ

【意义】比喻牵制或阻挠别人的正常行动。含有贬责的感情色彩。

【Annotation】to hinder sb., to hold sb. back, to be a drag on sb. (Derogatory)

描摹行为 Depicting a behavior
Идиомы, описывающие поведение

【Комментарий】Дословный перевод: ставить подножку. В значении: удерживать, чинить препоны, Близок к русскому ндному «вставлять палки в колеса» [Отрицательная окраска]

用·例

（1）咱们是一个组的，你要加油，别拖我们的后腿。
（2）通货膨胀压力加大将给经济发展拖后腿。
（3）要不是大龙拖后腿，我们班肯定能得第一。
（4）你们不用管我，我不会拖后腿的。
（5）你应该支持丽丽的工作，不能当一个拖妻子后腿的丈夫啊。
（6）A：公司决定派我去海外工作。
　　B：能不能不去呀？
　　A：这是工作，你应该支持我，怎么能拖后腿呢？

E21 挖墙脚/挖墙角　wā qiángjiǎo

【意义】比喻暗中拆台，从根本上损害别人或使事情不能顺利进行。也说"拆墙脚"。

【Annotation】to undermine the foundation (of sth.), to cut the ground from under sb.'s feet, to pull the rug from under sb.

【Комментарий】Дословный перевод: ломать фундамент стены. В значении: подвести, в корне нарушить интересы другого человека, подорвать дело.

生活中的惯用语 1　Idiomatic Phrases in Daily Life 1
Идиомы в обиходной жизни 1

用 例

（1）挖墙脚可以快速地壮大自己的力量，打击对手。
（2）这两家公司竞争激烈，经常互挖墙脚。
（3）企业要想办法留住人才，不让别人挖墙脚。
（4）咱们要培养自己的技术骨干，不要总想着挖别人的墙脚。
（5）我们应该公平竞争，挖墙脚的做法不太光彩吧。
（6）A：王总，你们公司的李博士太出色了！
　　B：怎么？你不会是想挖我们的墙脚吧？
　　A：哪能呢。

E22 找茬儿　zhǎo chár

【意义】故意挑毛病。

【Annotation】to find fault with, to pick flaws/holes in

【Комментарий】В значении: искать предлог, придираться [Отрицательная окраска]

用 例

（1）她对男朋友不满意，常常找茬儿吵架，无理取闹。
（2）你找什么茬儿呀？这些菜根本就没有问题！
（3）经理今天心情不好，小心他找你的茬儿。
（4）你告诉我，找茬儿的人是谁？我替你收拾他。

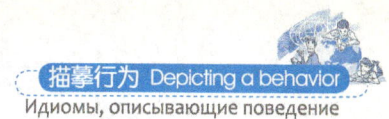

描摹行为 Depicting a behavior
Идиомы, описывающие поведение

（5）A：喝杯热水吧。
　　 B：你想烫死我呀？
　　 A：又开始找茬儿了是吧？不是嫌凉就是嫌热，你到底想怎么样？

E23 装门面　zhuāng ménmian

【意义】比喻为了表面好看而装饰点缀。门面，商店房屋沿街的部分，比喻外表。

【Annotation】to put up a front, to maintain an outward show, to keep up appearances

【Комментарий】Дословный перевод: украшать фасад магазина. В значении: делать что-н. для внешнего лоска. Ménmian — фасад магазина на стороне улицы, в значении: обращать внимание на внешность, прихорашиваться.

（1）为了迎接检查团，厂里光装门面就花了几十万。

（2）他要参加一个重要的会议，所以买了身好衣服装装门面。

（3）他本来不懂，可是为了在别人面前装门面，只好假装明白。

（4）这些钱要用在基础设施建设上，不要用来装门面。

（5）咱们是老朋友了，实实在在的就行，装门面的事情不用做了。

（6）A：你家的书真多。

　　B：这些都是用来装门面的，其实我也没都读过。

E24 装蒜　zhuāng suàn

【意义】故意装糊涂或装出某种样子。含有讽刺的感情色彩。也说"装洋蒜"、"装大头蒜"。

【Annotation】to pretend not to know, to feign ignorance (Ironic)

【Комментарий】Валять дурака, притворяться дураком, изображаться из себя недалекого человека. [Ироническая окраска]

（1）我早就看透你的心思了，你还装什么蒜？

（2）他怀疑地问："你在和我装蒜，是不是？"

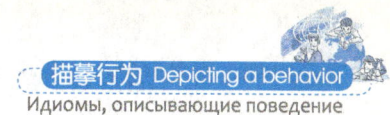

描摹行为 Depicting a behavior
Идиомы, описывающие поведение

（3）不要装蒜了，你心里比谁都明白。

（4）大龙就喜欢装蒜，你不要相信他。

（5）你装蒜的本领越来越大了，我差点儿就被你骗了。

（6）A：这件事是不是你告诉小王的？

　　B：不是啊，跟我没关系。

　　A：别装蒜了，这种事，除了你，谁还干得出来！

E25 走后门　zǒu hòumén

【意义】比喻通过人情关系或行贿等手段，通过内部关系来达到某种目的。含有贬责的感情色彩。

【Annotation】to get in by the back door, to pull strings, to secure advantages through pull or influence (Derogatory)

【Комментарий】Дословный перевод: проходить в заднюю дверь. В знач.: добиваться целей через черный вход, используя связи или давая взятку. [Отрицательная окраска]

生活中的惯用语 1 Idiomatic Phrases in Daily Life 1
Идиомы в обиходной жизни 1

> **用·例**
>
> （1）走后门破坏了社会公平，必须杜绝。
> （2）我朋友是校长，咱们走走后门，孩子上学的问题就解决了。
> （3）这家公司很多职工是通过走后门进来的。
> （4）为了拿到这个工程，他不惜送大礼走后门。
> （5）他讨厌走后门，希望通过自己的努力来实现目标。
> （6）A：大龙学历不高，也没什么真才实学，怎么就被录用了呢？
> 　　B：听说他爸是个局长。
> 　　A：怪不得呢，又一个走后门的。

E26 钻空子 zuān kòngzi

【意义】比喻利用漏洞做对自己有利的事情。含有贬责的感情色彩。

【Annotation】to avail oneself of loopholes, to exploit an advantage (Derogatory)

【Комментарий】Дословный перевод: проникать в лазейку. В значении: использовать лазейку для своих интересов. [Отрицательная окраска]

> **用·例**
>
> （1）有人利用规定不完善的漏洞钻空子，倒卖车牌。
> （2）我们采用了最先进的防伪标志，使假冒产品无法钻空子。
> （3）由于公司管理制度不严格，他钻空子侵占了不少公司财产。

描摹行为 Depicting a behavior
Идиомы, описывающие поведение

（4）有些商人总想钻法律的空子，大赚一把。
（5）有事你多和王经理商量，免得两人产生误解，给别人钻空子的机会。
（6）A：现在机场的安检越来越严格了。
　　B：是啊，坚决不能让恐怖分子钻空子。

E27 钻牛角尖　zuān niújiǎojiān

【意义】比喻费力研究不值得研究或无法解决的问题，也比喻固执地坚持自己的意见，不知道变通。

【Annotation】to split hairs, to take unnecessary pains to study an insignificant problem

【Комментарий】Дословный перевод: рассматривать бычий рог. В значении: скрупулезно изучать мелочи или настаивать на своем, проявляя упрямство.

用·例

（1）算了吧，你别钻牛角尖了，这个问题没有价值。
（2）李明太钻牛角尖了，真让人受不了。
（3）你钻什么牛角尖呀？这种方法不行，咱们可以再换一种。
（4）读书不要钻牛角尖，死抠一词一句，而要整体把握。
（5）小丽是一个爱钻牛角尖的人。
（6）A：为了那个陌生人的电话，我三个晚上没睡好，是谁打的呢？
　　B：你这么钻牛角尖地想下去会把自己弄疯的。

Идиомы в обиходной жизни 1

F 其他 Others
Прочие окраски

F1 **唱红脸** chàng hóngliǎn

【意义】红脸指传统戏曲中勾画的红色脸谱，象征正直的人。"唱红脸"比喻在解决矛盾冲突中充当友善的、受欢迎的人。（跟"唱白脸"相对。）

【Annotation】(opposite to "wearing the white makeup of the stage villain") to wear the red makeup of the stage hero in traditional Chinese operas — to pretend to be generous and kind, to play the good cop

【Комментарий】В значении: быть добрым человеком, который пользуется репутацией умелого посредника в разрешении конфликтов.

描摹行为 Depicting a behavior
Идиомы, описывающие поведение

用 例

（1）唱红脸也得看对人，对这种人，不能太客气。

（2）教育孩子时，他们夫妻俩常常一个唱红脸、一个唱白脸。

（3）今天的会咱们不能都唱红脸，该批评还得批评。

（4）好的老板要善于唱红脸，充分激发员工的工作热情。

（5）唱红脸的事儿谁都爱干，可是都唱红脸，这白脸谁唱？

（6）A：为什么你们都唱红脸，让我一个人提意见？

B：我们不是不想提，是没发现问题。

F2 凑份子 còu fènzi

【意义】指每个人拿出一定的钱物合起来送礼或办事。

【Annotation】to club together (to buy a gift for sb.), to pool money (to do sth.)

【Комментарий】Собрать с каждого деньги или вещи в подарок или для решения какого-н. дела.

用 例

（1）凑份子是个好办法，这样大家既不用花太多钱，又能送去祝福。

（2）凑份子只是为了表达心意，钱多钱少无所谓。

（3）明天是小云的生日，咱们大家凑个份子，一起请她吃顿北京烤鸭，怎么样？

（4）上次老王的儿子结婚，同事们凑份子，每个人拿了一百块。

（5）这个月我有三个朋友结婚，光凑份子的钱就好几百块。

（6）A：我不想凑份子，想单独送他一个礼物。

　　　B：那也好，毕竟你们是最好的朋友。

F3 打包票　　dǎ bāopiào

【意义】比喻向人保证，对某事有绝对把握。包票：保单的旧称，表示对某事负责而写的单据。也说"打保票"。

【Annotation】to vouch for, to promise

【Комментарий】В значении: гарантировать, дать кому-н. гарантию, быть уверенным в чем-н.

描摹行为 Depicting a behavior
Идиомы, описывающие поведение

> 用·例
>
> （1）打包票可得慎重，不能轻易说。
> （2）我们生产的产品，质量可以打包票，您放心买吧。
> （3）这件事你是打了包票的，办不成可不行。
> （4）我敢打包票，今天的球赛肯定是西班牙队赢。
> （5）打包票的话我不敢说，但我一定会尽力而为的。
> （6）那位司机向警察打包票说，自己真的没喝酒。
> （7）A：医生打了包票，说爸爸的病很快就能治好。
> 　　 B：那我们就放心了。

F4 打下手　dǎ xiàshǒu

【意义】给别人当助手，做一些辅助性的工作。

【Annotation】to act as an assistant (to sb.), to assist sb.

【Комментарий】Быть помощником, не играть первых ролей, выполнить вспомогательную работу.

> 用·例
>
> （1）这活儿不简单，打下手也不容易。
> （2）今天的菜都是我爱人做的，我只是打了个下手。
> （3）您是这方面的专家，我们听您的，为您打下手。
> （4）大龙给王师傅打过下手，所以也会修理自行车。
> （5）我女儿不到十岁就开始在厨房帮我打下手了。
> （6）你干主要的，打下手的事儿交给我。

生活中的惯用语 1 Idiomatic Phrases in Daily Life 1
Идиомы в обиходной жизни 1

（7）A：你这水平，给我打下手我也不要。
B：瞧你说的，你让我打下手我还不干呢。

F5 吊胃口　　diào wèikǒu

【意义】原指用好吃的东西引起人的食欲。比喻故意引诱人，让人产生某种兴趣或欲望。

【Annotation】to tantalize, to whet sb.'s appetite, to stimulate sb.'s desire, to hold in suspense

【Комментарий】Первоначальное значение: вызвать аппетит с помощью вкусных блюд. Сейчас в значении: намеренно соблазнить кого-н., вызвать у кого-н. интерес или желание к чему-н.

用 例

（1）吊别人的胃口是大龙的一贯做法，你别理他。
（2）故事讲了一半就不讲了，这不是吊孩子的胃口吗？
（3）商家又打折又赠送礼物，吊足了消费者的胃口。
（4）你说了那么多好吃的菜，吊大家的胃口，什么时候给我们做出来尝尝啊？
（5）我觉得他只是利用赚大钱来吊你的胃口，他不会真正给你好处的。
（6）A：要是我弄来了今晚音乐会的票，你怎么感谢我？
B：别吊人家的胃口了，快把票拿出来吧。

描摹行为 Depicting a behavior
Идиомы, описывающие поведение

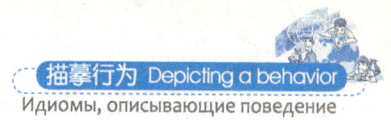

F6 交学费　jiāo xuéfèi

【意义】比喻因为缺少经验等原因做错了事，付出一定代价。

【Annotation】to pay tuition fees—to pay the price for missteps and mistakes due to lack of experience

【Комментарий】Расплачиваться за свои ошибки, совершенные из-за отсутствия опыта или по другим причинам.

用 例

（1）只要能从失败中总结经验教训，这学费就没白交。
（2）他把企业做到今天的规模很不容易，曾经付出过很多代价，交过很多学费。
（3）在恋爱方面我没有什么经验，这次的失败，算是交学费吧。
（4）要想少交学费，就得在行动前深思熟虑。
（5）A：听说小刚开网店赔了不少钱。
　　B：是啊，第一次创业，失败也是正常的，就当交学费了。

F7 开绿灯　kāi lǜdēng

【意义】原指准予通行，比喻允许做某事，或为某事提供方便。

【Annotation】to give the green light, to give the go-ahead

【Комментарий】Первоначальное значение: разрешить проехать. Сейчас в

значении: резрешить делать что-н., или предоставить удобные условия кому-чему-н.

（1）开绿灯也要有原则，不是什么事都可以的。
（2）他利用工作之便给熟人开绿灯，违反了公司的规定，受到了领导的批评。
（3）国家制定了相关政策，为海外学子回国创业开绿灯。
（4）产品质量不合格，当然不能开绿灯。
（5）这次试验成功，我们首先得感谢处处帮助我们、为我们的研究开绿灯的老院长。
（6）A：今天老板开绿灯，让我们早点儿下班。
　　B：你们老板真好！

F8 开夜车　kāi yèchē

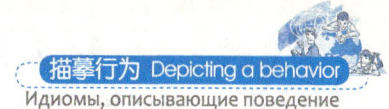

描摹行为 Depicting a behavior
Идиомы, описывающие поведение

【意义】比喻为了赶时间，在夜里继续学习或工作。

【Annotation】to drive at night—to work late into the night or by candlelight, to put in extra time at night, to burn the midnight oil

【Комментарий】Работать или заниматься до глубокой ночи из-за дефицита времени.

用·例
（1）早点休息吧，常开夜车会影响身体健康的。
（2）考试前，不少学生都开夜车复习功课。
（3）连开了三天夜车，她终于把这篇文章写完了。
（4）你这几天身体不太好，晚上就不要开夜车了。
（5）自从小王改掉了开夜车的习惯以后，她的气色一天比一天好。
（6）A：你怎么眼睛通红，一点儿精神都没有？
　　B：开了一个晚上夜车，太累了。

F9 看走眼　kàn zǒu yǎn

【意义】指对人或事做出错误的判断。

【Annotation】to make a wrong judgment about sb./sth., to mistake for

【Комментарий】Ошибиться в ком-чем-н.

用·例
（1）你仔细看看，这么贵重的东西，别看走眼了。
（2）昨天我在路上看走眼了，把一个路人当成了以前的同学。

(3) 找对象的时候一定要睁大眼睛,看走眼了后悔都来不及。
(4) 小丽真是看走眼了,竟然嫁了个酒鬼。
(5) 孙经理没看走眼,这个小伙子果真是个难得的人才。
(6) 肯定是他,我不会看走眼的。
(7) A: 听说老刘花了很多钱却买了一张假画儿。
　　 B: 是啊,连专家都有看走眼的时候,何况他呢。

F10　亮红灯　liàng hóngdēng

【意义】原指禁止车辆前进。比喻禁止做某事。也比喻出现了问题和麻烦。

【Annotation】to show the red light—to forbid sth., to be in danger or trouble

【Комментарий】Первоначальное значение: запретить проезд. Сейчас в значении: запретить делать что-н., о появившихся проблемах или трудностях.

描摹行为 Depicting a behavior
Идиомы, описывающие поведение

（1）政府应该加强对食品市场的有效监管，对不安全食品要坚决亮红灯。
（2）经检查，有三家企业被亮红灯，需要停业整顿。
（3）对这种损害公司利益的行为就应该亮红灯。
（4）两年前他们的婚姻就亮起了红灯。
（5）因为健康状况亮红灯，张教授不得不推迟了出国访学的时间。
（6）A：你们俩怎么突然分手了？
　　B：你不知道，我们的关系早就亮红灯了。

F11 留后路　liú hòulù

【意义】指办事时为防备办不成而预先留下退路。也说"留退路"。

【Annotation】to keep a way open for retreat, to leave a way out

【Комментарий】Заранее оставить запасной вариант в случае неудачного решения дела.

（1）放心，我留好了后路，这样不成，还有别的办法。
（2）一个人说话、办事不能太绝对，要给自己留后路。
（3）妈妈常说，做任何事都要留条后路，以防万一。

（4）老刘胆子小，事情还没开始做，就想着如何留后路了。

（5）A：他这个人一旦做出决定，就会一直走下去，从来没有给自己留后路的习惯。

B：可能这就是他成功的原因吧。

F12 拍板儿　pāi bǎnr

【意义】过去商行拍卖货物，用拍木板表示成交。比喻由主事人做出决定。

【Annotation】to rap the gavel — to have the final say, to make the final decision

【Комментарий】Обозначать символический удар по плитке в знак заключения сделки в практике древних торговцев. Сейчас в значении: ответственное лицо приняло решение.

描摹行为 Depicting a behavior
Идиомы, описывающие поведение

> 用 例
> （1）这件事现在拍板儿还有点儿早，我们应该多听听大家的意见。
> （2）这事是厂长拍的板儿，谁有意见，就去找厂长谈吧。
> （3）我是一家之主，大事当然是我拍板儿了。
> （4）这件事关系重大，我一个人拍不了板儿，还是等经理回来吧。
> （5）作为领导，该拍板儿的时候就得果断拍板儿。
> （6）A：只要你拍板儿，我们就跟着你干。
>   B：谢谢大家的支持！

F13 跑龙套　pǎo lóngtào

【意义】比喻在别人手下做不太重要的事情。

【Annotation】to play a walk-on role — to play an insignificant role, to do insignificant or trivial things

【Комментарий】Первоначальное значение: быть на проходных ролях, быть статистом. Переносное значение: заниматься неважными делами, быть на побегушках.

> 用 例
> （1）跑龙套也能让人得到锻炼，所以我不会放弃这个机会。
> （2）小丽的运气真好，只跑了一年龙套，就成为正式员工了。

Идиомы в обиходной жизни 1

（3）你是刚来的，先跑跑龙套，熟悉一下业务。
（4）这个活动是大明组织的，我只是跑跑龙套，帮点小忙儿。
（5）我们俩的身份完全不同，他是负责人，我是跑龙套的小人物。
（6）A：你是这部电影的主演吧？
　　B：哪儿啊，我只是一个跑龙套的。

F14 **随大流** suí dàliú

【意义】没有自己的意见，跟着多数人说话或做事。也说"随大溜（liù）"。

【Annotation】to swim with the tide, to follow the general trend, to follow the herd/crowd

【Комментарий】Дословный перевод: плыть по основному течению. В значении: поступать, как большинство людей, не имея своего мнения, быть конформистом.

描摹行为 Depicting a behavior
Идиомы, описывающие поведение

用 例

(1) 随大流是不突出自己、保护自己的一种方式。
(2) 小云是个不肯动脑的人,什么事都随大流。
(3) 既然你们都同意了,那我也随一回大流,我也同意。
(4) 这个小伙子很有主见,从不喜欢随大流。
(5) 大卫是一个随大流的人,你就别问他的意见了。
(6) A: 这款手机不太适合你。
B: 周围的年轻人都用,我也只好随大流了。

F15 掏腰包　tāo yāobāo

【意义】在腰包里掏(钱),多指出钱。腰包,系在腰间的钱包。

生活中的惯用语 1　Idiomatic Phrases in Daily Life 1
Идиомы в обиходной жизни 1

【Annotation】to pay out of one's own pocket, to foot a bill

【Комментарий】Вытащить деньги из своего кошелька, раскошелиться, близко к русскому фразеологизму «тряхнуть мошной», чаще употребляется в значении «заплатить за других».

用 例

（1）男女朋友吃饭，该由谁来掏腰包呢？

（2）今天咱们AA制吧，别总让一个人掏腰包。

（3）老张自掏腰包，给这些孩子每人买了一套文具。

（4）陪女朋友逛一次商场，我就得掏一回腰包，我真的没钱了。

（5）每次聚会，他都是那个掏腰包的人。

（6）A：服务员，结账。

　　B：不用你掏腰包，今天我付钱。

　　A：咱们是多年的老朋友，你怎么这么客气？

F16　捅马蜂窝　tǒng mǎfēngwō

描摹行为 Depicting a behavior
Идиомы, описывающие поведение

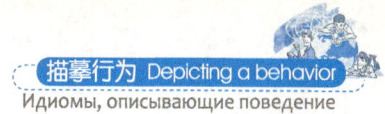

【意义】用竹棍等拨动马蜂的窝,马蜂会攻击人。比喻惹祸或招惹不好惹的人。

【Annotation】to stir up a hornets' nest, to stir up trouble, to provoke sb. who is not to be messed with

【Комментарий】Дословный перевод: ворошить осиное гнездо, растревожить улей. В значении: нажить себе беду или дразнить людей, которых нужно опасаться.

用 例

(1) 你老实在家待着吧,别出去捅马蜂窝。

(2) 你别去提意见,咱躲还来不及呢,可不能去捅那个马蜂窝。

(3) 都说小王惹不得,我倒要捅一捅这个马蜂窝。

(4) 要想成功,必须有敢捅马蜂窝的勇气。

(5) 你现在害怕了,捅马蜂窝的时候怎么不好好考虑考虑?

(6) A:怎么了,这么慌张?
B:我把李阿姨的花瓶摔坏了,怎么办啊?
A:自己捅的马蜂窝自己处理,我可帮不了你。

Describing a quality or state

Идиомы, описывающие состояния и качества

积极肯定 Positive/Affirmative
С положительной оценкой

G1 不费吹灰之力 bú fèi chuī huī zhī lì

【意义】比喻做事非常容易，不费力气。

【Annotation】as easy as blowing off dust, not even needing the slightest effort, as easy as falling off a log

【Комментарий】В значении: легко что-то делать, без затраты усилий.

用 例

（1）考上重点大学对他来说不费吹灰之力。
（2）他的水平比别人高很多，因此，不费吹灰之力，他就拿到了冠军。
（3）爬这么高的树，对我们来说很困难，可对这里的孩子来说，是一件不费吹灰之力的事情。
（4）因为有监控录像，警察不费吹灰之力就抓到了小偷。

性质状态 Describing a quality or state
Идиомы, описывающие состояния и качества

(5) 在失重的状态下，人可以不费吹灰之力就"飞"起来。

(6) A：这件事情你能做好吗？
B：当然啦，可以说是不费吹灰之力。

G2 呱呱叫/刮刮叫　guāguājiào

【意义】形容人或事物非常出众。呱呱，拟声词，形容鸭子、青蛙等的响亮叫声。同义语为"顶呱呱"。

【Annotation】tip-top, outstanding, excellent

【Комментарий】Дословный перевод: квакать, крякать. В значении: здорово, великолепно, прекрасно.

用 例

(1) 玛丽不仅学习好，文体方面也呱呱叫。

(2) 这条街上饭馆儿十几个，就数这家的菜呱呱叫。

(3) 她男朋友工作的地方，可是呱呱叫的大公司，人家是真正的白领。

(4) 在我们公司，他绝对是个呱呱叫的人物。

(5) 别看马克是外国人，汉字却写得呱呱叫。

(6) A：那个漂亮的姑娘是谁？
B：是我们班的李云，不仅学习好，京剧也唱得呱呱叫。
A：是吗？太厉害了。

生活中的惯用语 1 Idiomatic Phrases in Daily Life 1
Идиомы в обиходной жизни 1

G3 接地气　jiē dìqì

【意义】指在政治、艺术领域，广泛接触老百姓，与广大的人民群众密切联系。

【Annotation】down to earth, close to the common people

【Комментарий】Дословный перевод: соприкасаться с теплотой земли. В значении: (в области политики или искусства) широко общаться с народом, не терять тесной связи с массами.

用·例

（1）接地气是这位艺术家的特点，他的作品都反映了普通百姓的生活。

（2）政府官员高高在上，不接地气，老百姓怎么能满意？

（3）这位作家受到读者的喜爱，很大程度上因为他的小说接地气。

（4）作为领导，别总坐在办公室里，多到群众中去，接接地气。

（5）这种接地气的电影，观众比较喜欢。

（6）A：这部作品怎么这么受欢迎？

　　B：因为它非常接地气，老百姓觉得里面写的就是自己。

G4 开眼界　kāi yǎnjiè

【意义】指开阔视野，看到美好的或新奇珍贵的事物，增长见识。

【Annotation】 to broaden one's vision, to widen one's horizon

【Комментарий】 Расширить кругозор, увидеть и услышать много нового и уникального, многое испытать.

用例

（1）出国旅行，开开眼界当然好，但是在销费方面也要考虑自己的经济条件，量力而行。

（2）大龙给妈妈打电话说，留学生活让他大开眼界。

（3）没想到还有这种事情，今天真是开了眼界。

（4）一直生活在山沟里，李红真想去城市里开开眼界。

（5）这是一个让你开眼界的机会，我觉得你应该参加。

（6）A：听说你可以双手同时做画，今天能不能给我们表演一下，也让我们开开眼界？

　　　B：没问题。

G5 有两下子　yǒu liǎngxiàzi

【意义】 指有些本事或方法。两下子，指本领、技能。含有赞扬的感情色彩。

【Annotation】 to know one's stuff, to have real skill to be really sth. (Commendatory)

【Комментарий】 В значении: о том, кто отличается большими способностями. [Положительая окраска]

生活中的惯用语 1 Idiomatic Phrases in Daily Life 1
Идиомы в обиходной жизни 1

(1) 这里的竞争非常激烈，你想得到这份工作，没有两下子还真不行。

(2) 小丽，你活儿干得又快又好，真有两下子!

(3) 没有这两下子，我当然不敢参加比赛了。

(4) 我太小看他了，他还真有那么两下子，太极拳练得相当不错!

(5) 厂里要生产新产品了，对技术水平要求很高，没有两下子的人真干不了。

(6) A: 真倒霉，我的电脑又坏了。
B: 我来看看吧，说不定能修好。
A: 行啊，没想到你在这方面也有两下子。

G6 有眉目 yǒu méimu

【意义】比喻事情有了头绪或条理。

【Annotation】to begin to take shape, to be about to materialize

【Комментарий】В значении: дела начинают налаживаться.

(1) 谈了很长时间，怎么解决这个问题还是没有眉目。

(2) 新年晚会的节目有些眉目了，终于可以松口气了。

(3) 由于缺少有用的线索，这个案子一点眉目都没有。

性质状态 Describing a quality or state
Идиомы, описывающие состояния и качества

(4)我们先处理这些有眉目的事情吧,其他的以后再说。
(5)现在我不想听,有眉目的时候,你再向我报告。
(6)A:涨工资的事情有眉目了吗?
　　B:还没确定,领导正在研究。一有眉目我就告诉你。
　　A:好的。

讽刺批评　Ironic/Critical
С отрицательной окраской

H1　八面光　bāmiànguāng

【意义】形容人圆滑世故,各方面都能应付得很周到。光,光滑。含有讽刺的感情色彩。同义语为"面面光"和"两面光"。

【Annotation】worldly wise, smooth and slick all around (Ironic)

【Комментарий】Дословный перевод: быть гладким со всех сторон. В значении: человек изворотливый, прекрасно ладит с другими. [Ироническая окраска]

(1)我觉得八面光也是一种本事,一般人做不到。
(2)他呀,说话办事八面光,从来不得罪人。

生活中的惯用语 1 Idiomatic Phrases in Daily Life 1
Идиомы в обиходной жизни 1

（3）我可做不到八面光,有说得不对的地方大家还要多原谅。

（3）小孙是出了名的八面光,为人油滑得很。

（4）你从哪儿找到了这么一个八面光的人？好话都让他说尽了。

（5）A：一个正直的人应该善恶分明,不能处处八面光。

　　B：就是,那种太圆滑的人交不到真朋友。

H2 不像话 búxiànghuà

【意义】指言语、行为不合道理或情理；坏得没法形容。含有贬责的感情色彩。

【Annotation】unreasonable, nonsensical, shocking (Derogatory)

【Комментарий】Поступать неприлично или не по справедливости, довести дело до безобразия.

用例

（1）这儿的教育局长期拖欠农村教师的工资,实在是太不像话了！

（2）大刘夫妇从来不回家看看老人,甚至连个电话都不打,真不像话。

（3）动手打人确实不像话,必须让他们道歉！

（4）这孩子被父母惯得不像话,一点儿礼貌也不懂。

（5）李红从来也不打扫房间,房间乱得不像话。

（6）A：这孩子经常做一些不像话的事情。

性质状态 Describing a quality or state
Идиомы, описывающие состояния и качества

B：父母不教育他吗？
A：他父母整天忙着做生意，哪有功夫管他。

H3 **不成器** bùchéngqì

【意义】指人没出息，不能成为有用的人才。含有贬责的感情色彩。

【Annotation】good-for-nothing, worthless (Derogatory)

【Комментарий】Никчемный, никуда не годный человек. [Отрицательная и критическая окраска]

（1）算了，孩子已经努力了，不成器也不能责怪他。
（2）"子不教，父之过"，孩子不成器你也有责任。
（3）直到现在，有些家长还错误地认为孩子不打不成器。
（4）她们姐妹俩都不错，只是有个不成器的弟弟，总让父母操心。
（5）这个女人命苦，嫁了个不成器的丈夫，没过上一天好日子。
（6）A：听说小刚昨天又喝醉了？
　　B：这孩子太不成器了，三十多岁了，没有工作不说，还每天喝那么多酒。

生活中的惯用语 1 Idiomatic Phrases in Daily Life 1
Идиомы в обиходной жизни 1

H4 掉链子 diào liànzi

【意义】比喻关键时刻或重要的事情没有做好或出现失误，影响了最终的结果。

【Annotation】to drop the ball, to make a mistake (at the critical moment)

【Комментарий】Дословный перевод: уронить цепь. В значении: в решающийся момент плохо поступить или совершить ошибку, которая повлияет на исход всего дела.

用 例

（1）这支球队总是发挥不稳定，比赛时掉链子是经常事儿。
（2）小刚本来想给大家露一手，没想到却掉了链子，唱跑调儿了。
（3）大卫常常关键时候掉链子，所以这件事情交给他去办，我不放心。

性质状态 Describing a quality or state
Идиомы, описывающие состояния и качества

（4）我特别担心表演时掉链子，所以反复练习了好多遍。

（5）这次群众活动，要感谢大家的配合，这么多人，没有一个掉链子的。

（6）A：我妹妹平时学习挺好，一考试就掉链子，不知道为什么。

B：可能是她太紧张，没发挥好。

H5 耳朵软 ěrduo ruǎn

【意义】形容没有主见，容易轻信别人的话。含有贬责的感情色彩。也说"耳根（子）软"。

【Annotation】suggestible, credulous, easily influenced (Derogatory)

【Комментарий】В значении: легковерный человек, не имеющий своего мнения. [Отрицательная окраска]

用 · 例

（1）当领导，耳朵软可不行，对别人的话要有自己的判断。

（2）丽丽耳朵软，别人说什么，她信什么。

（3）他人挺老实，就是耳朵软，自己没主意。

（4）耳朵软的人往往容易上当受骗。

（5）A：是你答应给儿子买的游戏机吗？

B：儿子跟我说了好几回了，我昨天耳朵一软就同意了。

A：你想没想过，玩儿游戏会影响孩子学习的。

生活中的惯用语 1 Idiomatic Phrases in Daily Life 1

Идиомы в обиходной жизни 1

H6 耳旁风　ěrpángfēng

【意义】耳边吹过的风,比喻听过后不放在心上的话,多指劝告、嘱咐。也说"耳边风"。

【Annotation】a puff of wind passing the ear — unheeded advice, water off a duck's back

【Комментарий】Дословный перевод: пролетающий мимо ушей ветер. В значении: то, что не стоит внимания, чаще употребляется в виде совета или доброго пожелания. Этот идиом близок к русской пословице: «А Васька слушает да ест».

用 例

（1）王先生总是把太太的话当耳旁风,每次都喝醉。

（2）这些闲话,你完全可以当作耳旁风,不去理它。

（3）一出家门,孩子就把妈妈的嘱咐当成了耳旁风,只想着玩儿了。

（4）我的话就是耳旁风,你从来没往心里去过。

（5）A:你注意听,别总把我的话当耳旁风。

B:我听着呢。

H7 老掉牙　lǎodiàoyá

【意义】形容事物、言论等早就陈旧过时了。

【Annotation】out of date, obsolete

【Комментарий】Дословный перевод: от старости зубы выпадают. В знач.: дело или высказывание давно уже устарело.

性质状态 Describing a quality or state
Идиомы, описывающие состояния и качества

用 例

（1）这部手机是他十年前买的，现在都老掉牙了。
（2）你的自行车已经老掉牙了，换辆新的吧。
（3）"养儿防老"是一种老掉牙的观念了，其实女儿更贴心。
（4）由于没有钱买新设备，这家工厂还在使用老掉牙的机器。
（5）A：听了我的笑话，你们怎么都不笑啊？
　　B：这是个老掉牙的笑话，我们早就听过了。

H8 马后炮　mǎhòupào

【意义】象棋术语，比喻不及时的举动。含有埋怨的感情色彩。

【Annotation】Monday morning quarterbacking, belated action or advice (Complaining)

【Комментарий】Термин из игры «сянци» — китайский шахмат, означает неудачное расположение фигур. В значении: несвоевременный поступок. [Оттенок жалобы]

用 例

（1）算了，马后炮是没用的，你还说这些干什么？
（2）人已经死了，你在这儿放马后炮，晚了！
（3）事前要考虑周到，别事后放马后炮。
（4）事情都做完了，你才说要帮忙，这不是马后炮吗？

（5）这种马后炮的事儿，你以后少干！
（6）A：我被老王骗了，那笔钱他根本不想还我。
　　 B：我就知道会这样，你不应该把钱借给他。
　　 A：你就知道放马后炮，当初为什么不提醒我？

H9 认死理儿　rèn sǐlǐr

【意义】坚持自己认定的道理或理由，不改变主意，不知道变通。含有不满的感情色彩。

【Annotation】obstinate, stubborn, inflexible (Discontented)

【Комментарий】Настаивать на своем, проявлять упрямость, не считаться с обстоятельствами. [Оттенок недовольства]

用例

（1）老周就是有点儿认死理儿，其实人还是挺热心的。
（2）做事情不能认死理儿，要灵活处理。
（3）老先生脾气有点儿怪，爱认死理。
（4）看着他那认死理的样子，我真不知道说什么好。
（5）小刚是个认死理的人，不会轻易改变自己的观点。
（6）A：情况有变，我们的计划也得改变。
　　 B：这个计划经过多次讨论，怎么能说变就变呢？
　　 A：现在情况变了，你别认死理了，计划必须得改变。

性质状态 Describing a quality or state
Идиомы, описывающие состояния и качества

H10 煞风景/杀风景　shā fēngjǐng

【意义】比喻在大家都兴高采烈的场合让人扫兴，破坏别人的兴致。含有不满的感情色彩。

【Annotation】to kill other people's joy, to spoil the show (Discontented)

【Комментарий】Дословный перевод: испортить пейзаж. В значении: испортить настроение в обстановке веселья. [Оттенок недовольства]

用 例

（1）春节时要说吉利话，不然就太煞风景了。
（2）这么年轻漂亮的姑娘却张口骂人，真煞风景。
（3）晚会进行得很顺利，可是麦克风突然坏了，大煞风景。
（4）别人都是小口品酒，他却一杯一杯地干，让人感到有点儿煞风景。
（5）小王在宴会上耍起了酒疯，谁也没想到会发生这种煞风景的事儿。
（6）A：这本书印刷质量不错，插图也非常精美。
　　B：可惜被几个错字煞了风景。
　　A：是啊，没这几个错字就好了。

H11 笑掉大牙　xiào diào dàyá

【意义】形容一件事情非常可笑。

【Annotation】(to make sb.) laugh his/her teeth off — (to make people) laugh their heads off, to be utterly ridiculous

生活中的惯用语 1 Idiomatic Phrases in Daily Life 1
Идиомы в обиходной жизни 1

【Комментарий】В значении: дело очень смешное, вызывающее улыбку.

用·例

(1) 这么个大男人被一条狗吓住了,传出去得让人笑掉大牙。

(2) 还是个文化人呢,连这么简单的道理都不懂,真让人笑掉大牙!

(3) 这件事情太丢人,别人知道了,一定会笑掉大牙的。

(4) 因为说话之前不经考虑,他常常说出让人笑掉大牙的话。

(5) 这种让人笑掉大牙的事情,你以后还是少做吧,我都替你不好意思。

(6) A: 我看这件衣服挺漂亮的,买这件吧。
    B: 这件衣服早就过时了,穿出去还不让人笑掉大牙!

H12 一锅粥　yìguōzhōu

【意义】形容非常混乱。含有贬责的感情色彩。

【Annotation】a pot of porridge—a complete mess, all in a muddle (Derogatory)

【Комментарий】Дословный перевод: котел с кашей. В значении: полный беспорядок. Синонимы в русском языке: полный развал, полная неразбериха, настоящий бедлам. [Отрицательная окраска]

性质状态 Describing a quality or state
Идиомы, описывающие состояния и качества

用·例

（1）经理不在的时候，公司就是一锅粥。
（2）老师一离开，教室里顿时乱成了一锅粥。
（3）地铁到站后，大家都抢着上车，挤成了一锅粥。
（4）黑哨，赌球，踢假球……曾经的足坛简直乱成了一锅粥。
（5）这种一锅粥的局面，不知道要持续到什么时候？
（6）A：这表演也太没意思了！
　　B：是呀，你看观众席上都乱成一锅粥了，很多人喝倒彩。
　　A：没法看了，咱们走吧。

H13 一团糟　yìtuánzāo

【意义】形容非常混乱，不容易收拾。含有贬责的感情色彩。

生活中的惯用语 1 Idiomatic Phrases in Daily Life 1
Идиомы в обиходной жизни 1

【Annotation】a complete mess, chaos (Derogatory)

【Комментарий】В значении: полный хаос, беспорядок. [Отрицательная окраска]

用 · 例

（1）受金融危机影响，今年世界经济一团糟。

（2）刚刚丢了工作，男朋友又提出分手，马丽现在心情一团糟。

（3）很多居民乱倒垃圾，这里的环境变得一团糟。

（4）面对这一团糟的状况，管理者该怎么办呢？

（5）政府要迅速改变一团糟的食品安全现状，让市民吃上放心食品。

（6）A：天啊，你的院子怎么这么乱？

　　B：昨天我儿子和朋友在院子里聚会，结果把院子弄得一团糟。

H14　一窝蜂　yìwōfēng

【意义】形容许多人乱哄哄地同时说话或行动。含有贬责的感情色彩。

性质状态 Describing a quality or state
Идиомы, описывающие состояния и качества

【Annotation】like a swarm of bees—(of a crowd of people) to do sth. in a confused manner (Derogatory)

【Комментарий】В значении: много людей в одно и то же время шумно говорят или что-то делают. [Отрицательная окраска]

用 例

(1) 参观的时候一定要把学生组织好,一窝蜂可不行。
(2) 同学们,上车的时候要排队,要守秩序,不能一窝蜂。
(3) 大家排好队,一个一个走上领奖台,别一窝蜂似的。
(4) 看到自己喜爱的明星,大伙一窝蜂地围了过去。
(5) 黄金周期间,大家一窝蜂地出门旅游。
(6) A:电视上怎么这么多选秀节目?
B:去年一个选秀节目火了,各大电视台就一窝蜂地模仿。

H15 有水分 yǒu shuǐfèn

【意义】比喻某一情况有不真实的成分。含有贬责的感情色彩。

【Annotation】exaggerated, not completely true (Derogatory)

【Комментарий】В значении: имеются элементы нереальности, фантастичности [Отрицательная окраска]

生活中的惯用语 1 Idiomatic Phrases in Daily Life 1
Идиомы в обиходной жизни 1

用例

（1）这份调查结果有水分，不能真实反映当地的经济情况。

（2）年轻姑娘怎么愿意嫁给一个老头儿？他们的爱情恐怕有水分。

（3）他说的话有很大的水分，不能完全相信。

（4）公司刚公布的这份办公费用清单，应该有不少水分。

（5）相信观众们都不愿意看一场有水分的比赛。

（6）A：大卫平时学习不太好，这次怎么考得这么好？

　　B：他的成绩有水分，考试的时候作弊了吧？

　　A：有可能。

H16　中看不中用　zhōngkàn bù zhōngyòng

【意义】看起来不错，但不好用。比喻外表好看，但不实用。含有讽刺的感情色彩。

【Annotation】to be pleasant to the eye but of no use (Ironic)

【Комментарий】В значении: приятный на вид, но негодный. [Отрицательная окраска]

用例

（1）这款车中看不中用，刚开几天就出问题了。

（2）这种背包中看不中用，旅行的时候装不了多少东西。

性质状态 Describing a quality or state
Идиомы, описывающие состояния и качества

（3）有人认为太极拳中看不中用，那是因为他还没真正地了解太极拳。
（4）你别买这些中看不中用的东西，白浪费钱。
（5）你要脚踏实地，少在中看不中用的事上下功夫。
（6）A：这束花真漂亮，是老公送的吧？
　　B：是，只可惜中看不中用。
　　A：你呀，太不浪漫了。

H17 走过场　zǒu guòchǎng

【意义】原指戏曲中角色上场后不停留，穿过舞台从另一侧下场。比喻只在形式上做个样子，并不认真地去做事。含有贬责的感情色彩。

【Annotation】(of an actor/actress) to go from one end of the stage to the other without stopping—to do sth. as a mere formality, to do sth. perfunctorily or superficially (Derogatory)

【Комментарий】Первоначальный смысл: пройти по сцене, (в театре) действующее лицо поднимается на сцену и проходит ее, не останавливаясь, и сразу сходит с другой стороны сцены. В значении: отнестись к делу формально, без достаточной ответственности, близко к русскому фразеологизму «для галочки» [Отрицательная окраска]

Идиомы в обиходной жизни 1

(1)做事只走过场，浪费时间和精力，这种事尽量少干。

(2)上级来检查，只不过是走走过场，你就放心吧。

(3)今晚的明星赛是一场真正的比赛，不是走过场。

(4)为了防止走过场，公司专门成立了检查小组，随时督促生产。

(5)这种走过场的形式，早就该取消了。

(6)A：我发现机场的安检越来越严格了。

B：是啊，安检可不能走过场，这关系到乘客的生命安全。

H18 做白日梦　zuò báirìmèng

【意义】比喻不切实际，根本不可能实现的幻想。含有讽刺的感情色彩。

性质状态 Describing a quality or state
Идиомы, описывающие состояния и качества

【Annotation】to build castles in the air, to daydream (Ironic)

【Комментарий】Дословный перевод: видеть сны среди бела дня. В значении: безосновательная, несбыточная мечта. [Ироническая окраска]

用·例

（1）他常常做白日梦，梦想自己成功以后的美好生活。

（2）每个人都有梦想，但要为之努力奋斗，而不是待在家里做白日梦。

（3）这些都是给我的礼物？我不是在做白日梦吧？

（4）这么贵的手机，让我送给你，你是做白日梦。

（5）我不是一个喜欢做白日梦的人，我更愿意脚踏实地地工作。

（6）A：等我成了有钱人，我要住大房子、开好车。

　　B：别做白日梦了！你现在连工作都没有，怎么赚钱？

其他 Others
Прочие окраски

I1 爆冷门 bào lěngmén

【意义】指在某方面突然出现意想不到的事情。爆，出人意料地出现；突然发生。

【Annotation】to have a dark horse bobbing up, to have an unexpected winner

【Комментарий】Произошло нечто неожиданное. Bào — появляться или происходить неожиданно.

用 · 例

（1）不断地爆冷门成为本届世界杯足球赛的最大特点。

（2）这次比赛大爆冷门，世界排名第一的选手竟然被一个新手淘汰了。

（3）在这次竞选中，呼声最高的老王失败了，爆出了一个不小的冷门。

（4）虽然实力不强，但是我们努力准备，就有爆冷门的可能。

（5）A：今天这场比赛，留学生队竟然爆冷门，赢了！

B：我觉得不算爆冷门，留学生队的实力一直都很强。

性质状态 Describing a quality or state
Идиомы, описывающие состояния и качества

12 **插不上手** chā bu shàng shǒu

【意义】指因为人多而没有机会帮忙或因能力有限而帮不上忙。

【Annotation】cannot give a hand for lack of chance or ability

【Комментарий】Быть не в состоянии оказать помощь по причине присутствия многих людей или из-за недостатка способностей.

用·例

(1) 我想帮你，可是这方面我不懂，真是插不上手。

(2) 这件事别人插不上手，必须得他们自己解决。

(3) 大家都在忙碌着，我却插不上手，真不好意思。

(4) 那天人很多，我根本插不上手，不是不想帮他。

(5) 大龙喜欢帮爸爸修车，插不上手的时候，就站在旁边看。

(6) A: 我一个人要洗这么多盘子，你也不帮帮忙！
   B: 这是女人做的事情，我插不上手。
   A: 什么插不上手，你就是不想帮我。谁说男人不能洗盘子？

生活中的惯用语 1　Idiomatic Phrases in Daily Life 1
Идиомы в обиходной жизни 1

13 滚雪球　gǔn xuěqiú

【意义】在雪地上玩儿的一种游戏，滚动成团的雪，使体积越来越大，比喻势力、财力等逐渐扩大。

【Annotation】to snowball, to expand gradually

【Комментарий】Дословный перевод: скатывать снежный ком, который непрерывно растет. В значении: постепенно наращивать силы или богатство.

用 例

（1）因为善于投资，这家公司的资本规模像滚雪球一样，越来越大。

（2）小云开了一家商店，由于信誉好，经营有方，生意好像滚雪球，越来越红火。

（3）玛丽每天都写汉字、记汉字，慢慢地，她掌握的汉字就像滚雪球似的，越来越多了。

（4）这家公司以滚雪球的方式不断发展，逐渐成为一家大型企业。

（5）A：这次考试成绩为什么这么差？
　　B：别提了，我上课没有认真听讲，落下的课程越来越多，像滚雪球似的，考试成绩当然差了。

性质状态 Describing a quality or state
Идиомы, описывающие состояния и качества

14 火烧眉毛 huǒ shāo méimao

【意义】比喻事到了眼前,非常急迫。

【Annotation】the fire catches one's eyebrows — extremely urgent, in imminent danger

【Комментарий】Дословный перевод: огонь обжигает брови. В значении: дело не терпит отлагательства; неотложный момент.

(1) 现在已经火烧眉毛了,你们还在喝酒?
(2) 要是真的火烧眉毛了,我就会找他,他肯定能帮我解决。
(3) 不到火烧眉毛,这些人是不会着急的。
(4) 奥运会就要开始了,场馆建设成了火烧眉毛的事。
(5) 已经两个多小时了,走失的孩子还没找到,大家急得火烧眉毛。
(6) A:你急什么呀?慢慢来。
B:都火烧眉毛了,能不急吗?
A:现在知道着急了,你早干什么了?

15 没影儿 méi yǐngr

【意义】指没有根据或不见踪影。

【Annotation】out of sight, baseless, nowhere in sight

【Комментарий】Дословный перевод: без тени. В значении: 1) дело без оснований, 2) исчезнуть, раствориться без следа.

生活中的惯用语 1 Idiomatic Phrases in Daily Life 1
Идиомы в обиходной жизни 1

用 · 例

（1）结婚五年了，孩子还没影儿，他们小俩口也挺着急的。

（2）弟弟马上就毕业了，可是工作还没影儿呢，真让人着急。

（3）平常喝酒的时候，我身边有不少朋友，真正需要帮忙时，那些人都没影儿了。

（4）你说他偷了你的手机，却没有证据，这不是没影儿的事吗？

（5）老师刚一宣布下课，孩子们就跑得没影儿了。

（6）A：什么时候吃你的喜糖啊？
B：没影儿的事。我还没有女朋友呢！

16 **泡汤** pào tāng

【意义】比喻事情或希望落空，没能实现。

【Annotation】(of one's hope, etc.) to fail to come true, to come to nothing

【Комментарий】Дословный перевод: облить что-н. супом. В знач.: дело и надежда провалились, не осуществились. Синоним в русском языке: коту под хвост.

用 · 例

（1）如果产品质量不合格，那几份合同就全泡汤了。

（2）奶奶病了，我们全家去旅游的计划泡汤了。

（3）如果这场比赛输了，国家队夺得冠军的希望就泡汤了。

性质状态 Describing a quality or state
Идиомы, описывающие состояния и качества

(4) 晚上还得加班，今天的约会又泡汤了。
(5) 你又要休假？银行贷款的事怎么办？你不怕泡汤吗？
(6) A：老李，快想想办法吧，孩子出国的事恐怕要泡汤了。
　　B：怎么回事？是签证出了问题吗？

17 清一色 qīngyísè

【意义】原指打麻将时某一家由一种花色组成的一副牌。比喻全部由一种成分构成或全部一个样子。

【Annotation】(of mahjongg) all of one suit — uniform, undiversified

【Комментарий】Дословный перевод: комплект одноцветных костяных игральных пластинок (при игре в «мацзян»). В значении: состоять из одних и тех же элементов, иметь одну и ту же природу. Близко к русским выражениям «одного поля ягоды» и «одним миром мазаны».

生活中的惯用语 1　Idiomatic Phrases in Daily Life 1
Идиомы в обиходной жизни 1

用 · 例

（1）这家服装公司清一色，全是女职员。
（2）小明学习不努力，这次考了个清一色——全不及格。
（3）田里种的都是清一色的大白菜。
（4）毕业典礼上，毕业生们穿着清一色的学士服，漂亮极了。
（5）这所英语学校聘请了清一色的美国外教，教授美式英语。
（6）A：这些队员好像都很年轻呀！
　　B：对，我们派出了清一色的年轻队员，就是为了锻炼他们。
　　A：可我觉得最好再派几个经验丰富的老队员。

18 热门儿　rèménr

【意义】吸引人注意的事物，受很多人欢迎的。反义语是"冷门儿"。

【Annotation】in great demand, popular

【Комментарий】В значении: вызывающий огромный интерес, пользующийся огромным спросом, злободневный.

用 · 例

（1）这个学科以前是个热门儿，这两年突然变成了冷门儿。
（2）如今，出国留学成了热门儿，很多中小学生都被父母送出了国。

（3）小王特别关注新闻，常常就热门儿事件发表自己的看法。
（4）没想到网络上的一组照片使读大三的女生成了热门儿人物。
（5）在这里，足球是最热门儿的运动。
（6）A：你为什么没选热门儿专业？
　　B：学热门儿专业的人太多，等我毕业时就不热了。
　　A：还是你想得长远啊。

19 伤脑筋　shāng nǎojīn

【意义】形容事情难办，费心思。

【Annotation】knotty, troublesome, causing sb. enough headache

【Комментарий】Дословный перевод: вредить мозгу. В значении: дело доставляет немало хлопот, дело трудно осуществить.

生活中的惯用语 1 Idiomatic Phrases in Daily Life 1
Идиомы в обиходной жизни 1

用 例

（1）算了，伤脑筋也没用，这个问题以后再说吧。
（2）这件事太让人伤脑筋了！
（3）最近，他为办理留学手续伤透了脑筋。
（4）大龙还不想考虑买房子的事，他嫌伤脑筋。
（5）照顾孩子是一件非常伤脑筋的事情。
（6）A：孩子学习怎么样？
　　B：别提了！太伤脑筋了！真不知道该怎么教育他。
　　A：多跟老师交流交流。

I10 有文章　yǒu wénzhāng

【意义】指暗含特殊的内容或可疑之处。

【Annotation】questionable, doubtful

【Комментарий】В значении: имеется скрытый смысл или сомнительное место.

用 例

（1）老孙的话里有文章，没有听上去那么简单。
（2）李经理平时心直口快，今天说话吞吞吐吐的，其中肯定有文章。
（3）这活儿看起来简单，但里面大有文章，一般人还真做不来。
（4）这里风景秀丽，又离城市不远，在旅游开发方面大有文章可做。
（5）A：大龙，合同还没签，老李他们就不辞而别了。
　　B：我听说了。这里边一定有文章。

音序索引
Index in Alphabetical Order
Фонетический индекс

A

B1	爱面子	ài miànzi	2

B

H1	八面光	bāmiànguāng	69
E1	帮倒忙	bāng dàománg	23
I1	爆冷门	bào lěngmén	86
G1	不费吹灰之力	bú fèi chuī huī zhī lì	64
H2	不像话	búxiànghuà	70
H3	不成器	bùchéngqì	71

C

I2	插不上手	chā bu shàng shǒu	87
E2	唱对台戏	chàng duìtáixì	24
E3	唱反调	chàng fǎndiào	25
F1	唱红脸	chàng hóngliǎn	48
D1	唱主角	chàng zhǔjué	19
E4	炒冷饭	chǎo lěngfàn	26
B2	吃醋	chī cù	3
E5	吃青春饭	chī qīngchūnfàn	27

E6	出风头	chū fēngtou	28
E7	出难题	chū nántí	28
E8	出洋相	chū yángxiàng	29
E9	穿小鞋	chuān xiǎoxié	30
F2	凑份子	còu fènzi	49

D

F3	打包票	dǎ bāopiào	50
E10	打马虎眼	dǎ mǎhuyǎn	31
D2	打满分	dǎ mǎnfēn	20
B3	打算盘	dǎ suànpan	4
B4	打退堂鼓	dǎ tuìtánggǔ	5
F4	打下手	dǎ xiàshǒu	51
E11	当灯泡	dāng dēngpào	32
B5	倒胃口	dǎo wèikou	6
H4	掉链子	diào liànzi	72
F5	吊胃口	diào wèikǒu	52

E

| H5 | 耳朵软 | ěrduo ruǎn | 73 |
| H6 | 耳旁风 | ěrpángfēng | 74 |

G

| G2 | 呱呱叫/刮刮叫 | guāguājiào | 65 |
| I3 | 滚雪球 | gǔn xuěqiú | 88 |

H

C1	恨铁不成钢 hèn tiě bù chéng gāng	9
I4	火烧眉毛 huǒ shāo méimao	89

J

E12	交白卷 jiāo báijuàn	33
F6	交学费 jiāo xuéfèi	52
G3	接地气 jiē dìqì	66

K

F7	开绿灯 kāi lǜdēng	53
B6	开小差 kāi xiǎochāi	7
G4	开眼界 kāi yǎnjiè	66
F8	开夜车 kāi yèchē	54
C2	看不上眼 kàn bu shàng yǎn	10
F9	看走眼 kàn zǒu yǎn	55

L

H7	老掉牙 lǎodiàoyá	74
F10	亮红灯 liàng hóngdēng	56
F11	留后路 liú hòulù	57
D3	露一手 lòu yì shǒu	21

M

H8	马后炮 mǎhòupào	75

I5	没影儿	méi yǐngr	89
C3	蒙在鼓里	méng zài gǔ li	11
C4	摸不着门	mō bu zháo mén	12
E13	磨洋工	mó yánggōng	34

N

C5	拿不出手	ná bu chū shǒu	13
A1	拿得起放得下	ná de qǐ fàng de xià	1
E14	闹笑话	nào xiàohua	35

P

F12	拍板儿	pāi bǎnr	58
F13	跑龙套	pǎo lóngtào	59
E15	泡病号	pào bìnghào	36
I6	泡汤	pào tāng	90
C6	碰运气	pèng yùnqi	14
E16	泼冷水	pō lěngshuǐ	37

Q

D4	牵红线	qiān hóngxiàn	22
E17	敲竹杠	qiāo zhúgàng	38
I7	清一色	qīngyísè	91

R

| I8 | 热门儿 | rèménr | 92 |
| H9 | 认死理儿 | rèn sǐlǐr | 76 |

S

H10	煞风景/杀风景	shā fēngjǐng	77
I9	伤脑筋	shāng nǎojīn	93
E18	耍花招	shuǎ huāzhāo	38
F14	随大流	suí dàliú	60

T

F15	掏腰包	tāo yāobāo	61
E19	踢皮球	tī píqiú	39
F16	捅马蜂窝	tǒng mǎfēngwō	62
E20	拖后腿	tuō hòutuǐ	40

W

E21	挖墙脚/挖墙角	wā qiángjiǎo	41

X

H11	笑掉大牙	xiào diào dàyá	77
C7	心肠软	xīncháng ruǎn	14
C8	心里打鼓	xīn li dǎ gǔ	15
C9	心里发毛	xīn li fā máo	16
C10	心里没底	xīn li méi dǐ	17

Y

H12	一锅粥	yìguōzhōu	78
B7	一口吃个胖子	yì kǒu chī ge pàngzi	8

H13	一团糟　yìtuánzāo	79
H14	一窝蜂　yìwōfēng	80
C11	硬着头皮　yìngzhe tóupí	18
G5	有两下子　yǒu liǎngxiàzi	67
G6	有眉目　yǒu méimu	68
H15	有水分　yǒu shuǐfèn	81
I10	有文章　yǒu wénzhāng	94

Z

E22	找茬儿　zhǎo chár	42
H16	中看不中用　zhōngkàn bù zhōngyòng	82
E23	装门面　zhuāng ménmian	43
E24	装蒜　zhuāng suàn	44
H17	走过场　zǒu guòchǎng	83
E25	走后门　zǒu hòumén	45
E26	钻空子　zuān kòngzi	46
E27	钻牛角尖　zuān niújiǎojiān	47
H18	做白日梦　zuòbáirìmèng	84